Daniel Baclez

Le chemin de ma vie

Thélès

Recevez gratuitement le catalogue de nos dernières parutions
sur simple demande en écrivant aux :
Éditions Thélès – 5, rue de Castiglione – 75001 Paris
ou par téléphone au 01 53 45 27 63

Texte intégral

ISBN 2-84776-035-0

« Raconter la vie de DANIEL BACLEZ n'a pas été un travail, mais un véritable plaisir.
Daniel fait désormais partie de ma vraie famille, celle du cœur... »

ALAIN-ANTOINE LAVOYE DU VIVIER,
son biographe.

Les recettes et les dons recueillis sur le secteur religieux du village Saint Joseph, sont offerts à l'association Saint Vincent de Paul.

Le concept forain entièrement réalisé par moi-même, sert lui aussi à recueillir des dons pour des causes humanitaires (Association pour une Terre plus Humaine). Ils permettent le financement de puits en Inde, treize à ce jour. Les bénéfices produits par ce livre suivront la même direction...

« Tu sais ma fille, un jour j'écrirai un livre. J'écrirai en quelque sorte mes mémoires. Un livre dans lequel j'expliquerai ce que j'ai fait de ma vie, mais aussi un livre dans lequel les gens pourront puiser du réconfort, de la chaleur. Peut-être pourront-ils se reconnaître dans certains passages, peut-être s'identifieront-ils dans d'autres. Oui vois-tu, avant de partir, je veux laisser des messages d'espoir, d'amour et de vie. »

Voici les propres termes employés par mon père depuis quelques années.

Et comme tout ce qu'il projette de faire, il l'a fait…

Mon père a écrit son livre.

Ce livre dans lequel il retrace sa vie, avec ses angoisses, ses malheurs, ses faiblesses mais également ses espoirs, ses réussites, sa joie de vivre et enfin ce bonheur de pouvoir se présenter à vous.

Cet homme de cœur et de foi saura un jour vous donner, du pain si vous avez faim, de l'eau si vous avez soif et du bois si vous avez froid.

Mais à ses yeux, la plus grande richesse de l'homme, est de savoir transmettre son savoir-faire, de ne pas partir égoïstement avec ses connaissances, sans en avoir communiqué le contenu.

Il est de ceux qui ont cette soif d'expliquer encore et encore les choses, les gens, la vie ; c'est d'ailleurs ce qu'il s'emploie à faire au cours de très longues conversations captivantes, que je vous souhaite d'avoir à écouter un jour.

Mais en attendant, c'est en tournant une à une les pages de ce merveilleux livre que je vous invite à faire sa connaissance.

Bonne lecture

Catherine,
Hommage à mon père.

BANANIA

PRÉFACE

Hommage de Bernard Hinault

DANIEL BACLEZ UNE VIE EXCEPTIONNELLE.

La vie de mon ami Daniel est exceptionnelle. Daniel qui avec ses seules connaissances acquises sur le tas a créé à partir d'un simple atelier familial une véritable entreprise industrielle a contribué par ce fait au développement économique de son village de Fréthun, et bien au-delà, puisqu'il a aussi créé de toutes pièces avant l'heure le premier magasin libre service du bois et du bricolage en France « Bois et Loisirs » Les hypers et supermarchés spécialisés d'aujourd'hui n'ont rien inventé, le concept était « Baclezien ». Bricolo l'entreprise de conception et réalisation de jouets en bois fut une géniale idée, reprise aujourd'hui bien sûr par l'industrie asiatique à faible coût de production. Quant au Village Saint-Joseph, il suffit de le visiter pour se rendre compte du travail accompli par cet homme porté d'abord par sa foi religieuse. La chapelle sortie d'un marais comme d'un songe et puis ce village de taille réelle retraçant les vieux métiers d'autrefois en ambiance... Formidable homme d'affaire n'ayant acquis aucune culture dans les livres, ni sur les bancs des écoles, mais formé dés son plus jeune âge à l'art du charronnage de la charpente et de la menuiserie par son père Joseph, puis contraint pour survivre, à la mort prématurée de ce père de commercialiser la production de moulures à grande échelle, Daniel Baclez a puisé ses expériences en observant, en écoutant, et surtout en se fiant à son instinct, à son flair, comme un chien de chasse pour accorder sa confiance et travailler dans le bon sens. Sa reconversion d'industriel en charron -charpentier a été un véritable parcours du cœur, et la redécouverte des valeurs des métiers du bois, là encore Daniel a réussi son pari.

Cet homme simple, généreux sincère et fidèle en amitié je l'ai rencontré grâce à sa passion et son amour pour le vélo, mais nous sommes devenus rapidement de vrais amis et cela dure depuis dix-huit ans… Associés en affaires, il n'y a jamais eu une seule ombre sur nos relations par ce fait Daniel est plus qu'un ami, c'est un frère que j'aime rencontrer le plus souvent possible. Martine mon épouse l'apprécie beaucoup comme nous apprécions Nanou sa femme tous les deux. Daniel mérite d'être découvert sous son vrai visage, le livre que vous avez entre les mains va vous aider à trouver le chemin de son cœur, le vrai chemin de sa vie!

« Je vous souhaite de longues et émouvantes heures de lecture en compagnie de "Mon Ami Daniel"… »

Bernard Hinault

PREMIÈRE PARTIE

Le chemin de ma vie

AUDINGHEN — Le Village
The Village

Troisième d'une famille de quatre enfants, je suis né dans la commune d'Audinghen, petit village côtier du Nord de la France, le 4 novembre 1938.

Mon père y possédait un atelier où il exerçait le métier de charron quand éclata la guerre.

Le petit village d'Audinghen a été entièrement rasé par les bombardements. Il faut préciser qu'un important blockhaus destiné à pilonner la « Perfide Albion » avait été construit par les Allemands en front de mer ; Les forces alliées n'avaient qu'un but : le détruire à tout prix...

Les bombardements incessants du littoral firent que nous fûmes évacués en juin 1940, avant que le village ne soit entièrement détruit par ceux-ci.

Pour notre famille comme pour beaucoup d'autres commença l'exode. La guerre s'installa et nous avons vécu démunis et privés de tout ; partant nous coucher l'estomac vide et la peur des bombardements au ventre.

Pas de beurre, pas de viande, seulement un peu de pain bis échangé contre un ticket de rationnement. C'est ainsi que j'ai reçu ma première orange à l'âge de huit ans.

À douze reprises ma famille a quitté le toit dessous lequel elle était hébergée, d'abord à cause des bombardements, puis parce que les Allemands avaient inondé une partie du Calaisis et enfin sur ordre de réquisition.

Son outil de travail réduit à néant, mon père fut alors sollicité par le maire d'un autre petit village distant de 25 km pour reprendre un atelier de charronnage abandonné. Celui-ci servait pour les réparations des équipages agricoles locaux, et avait été mis également par la force des choses à la disposition des occupants ennemis.

C'est dans ce petit village de Frethun, (bien connu aujourd'hui grâce à sa gare TGV) et à quelques kilomètres du tunnel sous la Manche, que j'ai passé mon enfance.

J'ai peu fréquenté l'école communale que j'ai quittée tôt, dès l'âge de 13 ans, préférant, et de loin, l'atelier de mon père, attiré que j'étais par les copeaux, l'odeur de la sciure, et les chutes de bois !

Souvenirs de guerre

J'avais quatre ans environ à l'époque la plus lointaine ou remontent mes souvenirs, des bruits atroces des avions prenant leur élan au-dessus du jardin familial, des bombardements, des déflagrations et des éclats d'obus sur les murs, les cris des femmes et des enfants horrifiés, terrorisés à la vue des blessures...

Je me souviens encore de Gillette et de son mari Louis nos voisins qui venaient nous chercher dans nos lits pour nous conduire dans un abri creusé par mon père aidé de quelques voisins dans le fond du jardin. Une tranchée sommaire certes recouverte de planches, de tôles et de terre. Un abri suffisant cependant pour nous protéger des éclats des milliers d'obus qui explosaient la nuit. Je me souviendrais toute ma vie du bruit infernal des bombardements et de l'odeur particulière de l'argile humide qui tapissait les parois de la tranchée ? Je me souviens encore parfaitement d'un jour particulier, c'était en 1945 à la fin de la guerre, je traversais la route qui me séparait de la maison d'une petite fille âgée de deux ans de plus que moi avec qui j'aimais jouer. Un éclat d'obus tomba à cinquante centimètres de moi, en soulevant la poussière en s'enfonçant profondément dans le sol ! Ma mère qui avait assisté à la scène se jeta sur moi en poussant des cris de frayeur, et m'emporta vite dans la maison. Commença alors le ballet des avions dans le ciel. Ils prenaient leurs repères, puis piquaient sur Calais pour pilonner les bâtiments de l'abattoir municipal qu'ils détruisirent complètement. Nous restâmes collés immobiles avec ma mère et ma sœur sur le mur de la salle à manger, en nous tenant les mains durant un long moment. Ma mère implorait tous les saints du paradis afin qu'ils protègent mes sœurs et mon frère qui étaient à l'école, et mon père qui se trouvait sur un chantier.

Un autre souvenir a particulièrement marqué mon enfance, et restera gravé dans ma mémoire jusqu'à la fin de ma vie ; celui de la mort de Monique ma petite voisine le lendemain de ces terribles bombardements. Monique était la fille de l'un des forgerons du village. Souvent l'après-midi elle venait me chercher pour goûter chez elle. Monique me prenait par la main pour me faire traverser la route qui séparait nos demeures. Que s'est-il passé ce jour-là, elle a lâché ma main, et elle a traversé la route en courant… J'ai vu alors surgir à très vive allure dans un nuage de poussière une voiture des services sanitaires allemands, et ma chère petite copine se faire écraser par les grosses roues, là sous mes yeux de bambin ! Le père de cette pauvre petite fille qui m'avait vu quitter ma maison en compagnie de sa fille pensa que j'étais passé sous les roues du camion. Il se précipita pour prévenir ma mère, qui sortit en hurlant de notre maison. Elle se rendit compte en me voyant sur le bord de la route, paralysé par la peur et par l'horreur du spectacle que je venais de vivre, que la victime était la petite voisine… Ma mère d'un geste m'arracha du sol, et me serra très fort dans ses bras en pleurant. Pourquoi a-t-elle fait cela ? Pourquoi a-t-elle lâché ma main pour se jeter sous les roues de cet engin, elle qui était si prudente, et qui venait me chercher justement pour me protéger d'un accident ?

Je me suis posé maintes fois cette question ! Je n'ai jamais oublié cette scène et je prie souvent pour cette petite fille que j'aimais comme une petite sœur… Le dernier souvenir de cette guerre c'est l'entrée un jour à l'heure du déjeuner alors que nous étions tous installés autour de la table dans la salle à manger de deux officiers SS revolver aux poings. S'adressant à mon père avec violence, ils lui demandèrent s'il était bien le charron du village, et lui intimèrent l'ordre de les suivre immédiatement. Ils le firent monter à l'arrière d'un camion où se trouvaient d'autres militaires en armes. L'un des officiers lui expliqua alors dans un français parfait qu'il avait trois heures pour confectionner des rayonnages en bois dans cette caisse de camion, et que passé ce délai, il serait fusillé… Mon père ne termina même pas son repas et se mit à l'œuvre immédiatement pour équiper le véhicule. Pour 17 heures comme il en avait reçu l'ordre, les rayonnages étaient terminés. Les Allemands ne vinrent même par rechercher ce camion, c'est une autre équipe qui le récupéra quelques jours plus tard... Que de peur et de peine pour rien!

MA BRAVE FEMME DE MÈRE

Yvonne ma mère a eu bien du mérite tout au long de sa vie de femme parallèlement à sa vie de mère. Je veux rendre un hommage particulier à cette femme que j'aimais beaucoup, et qui je crois m'aimait aussi. Je pense même, que j'étais son enfant préféré...

Ma mère a beaucoup travaillé, d'abord en aidant son charron de mari à rentrer le bois dans l'atelier alors que les grumes arrivaient encore vertes et lourdes. Elle assistait mon père qui n'avait pas les moyens de rémunérer un ouvrier, à positionner les pesantes pièces de bois sur le plateau de la scie à ruban, sur celui de la dégauchisseuse, et autre mortaiseuse...

Ce qui fait qu'elle usa sa santé en étant à la fois dans sa cuisine pour élever ses enfants, et dans l'atelier. Ma pauvre mère eut aussi à subir l'humiliation et la honte de voir vendre ses biens sur le trottoir par un auxiliaire de justice, suite à la liquidation de l'entreprise de mon père. Je raconte cette malheureuse histoire dans cet ouvrage. Ma mère souffrit également dans sa chair, lorsqu'un jour alors qu'elle m'attendait, elle reçut un choc violent dans le bas ventre, un coup occasionné par une pièce de bois qui avait ripé sur l'établi de mon père, alors qu'il emmanchait une dent de herse à l'aide d'une masse!

Par ce fait son accouchement se passa très mal, et ma mère resta handicapée pour le reste de ses jours, malgré plusieurs opérations successives.

J'aimais beaucoup ma mère, et j'ai passé ma petite enfance dans ses jupes si l'on peut s'exprimer ainsi, si bien que lorsqu'il fallut quitter cette mère pour l'école, cela me fut d'une difficulté incroyable. Régulièrement je me sauvais de l'école. À la moindre occasion, je fuyais cet endroit où rien ne m'attirait, pour rejoindre ma maison. Je n'aimais pas l'école je ne m'y sentais pas bien. Lorsque l'on m'y conduisait soit à pied ou assis sur le cadre d'une bicyclette, je sautais dans un fossé et m'échappais pour rejoindre ma maison, mais surtout ma mère. Ensuite me reconduire en classe relevait de l'exploit...

J'aimais l'aider dans ses taches ménagères. J'aimais soulager ses peines, ainsi quand elle faisait la lessive je trinquebalai l'eau du puits dans des seaux jusqu'au cuvier, ou bien je l'aidais à soulever la lessiveuse pour la poser sur la cuisinière à charbon.

Je l'aidais aussi à nettoyer la maison, à mettre la table pour le déjeuner, à faire la vaisselle, bref, j'étais toujours prêt à l'aider. Ma mère m'appelait « Min tit l'homme » parce que je me comportais comme un petit homme dans la maison...

La guerre fut une dure épreuve pour ma mère qui fit tout pour nous protéger mes deux sœurs mon frère et moi, même s'il fallut à ma famille déménager dix fois afin de fuir les bombardements ennemis et alliés... Nous étions pauvres et une anecdote a marqué cette enfance particulière : Un matin, alors qu'elle me passait mes chaussures, un lacet se rompit. Elle essaya de faire un nœud, mais le lien ne tint pas. Elle en fit un autre qui cassa et ainsi de suite. Elle se rendit alors dans la buanderie, où de nombreux lacets dépareillés et usagés étaient suspendus à un clou, et au moment de saisir un de ces lacets elle éclata en sanglots. Je me précipitais pour me jeter dans ses bras en criant maman parce que je ne voulais pas qu'elle ait de la peine.

Ma mère eut beaucoup de courage, durant la guerre, notamment lorsque mon frère atteint d'une terrible maladie pulmonaire eut besoin de soins constants. Je la revois encore en train de moudre du grain dans un gros moulin à café afin d'obtenir une farine sommaire pour lui préparer du pain complet, car il lui fallait une saine et abondante nourriture.

Plus tard, quand il fallut prendre les rennes de l'entreprise je lui proposais d'acheter l'affaire familiale en rente viagère afin qu'elle ne manque de rien, et ne soit à la merci de personne, comme je lui ai acheté des points de retraite afin de compenser des années de labeur non rétribuées, passées aux côtés de mon père dans l'atelier.

Ma mère qui avait subi de nombreuses opérations délicates s'en alla doucement à l'âge de 82 ans après deux longues années passées chez ma sœur cadette. Deux années durant lesquelles je fus le plus souvent possible à son chevet, l'aidant de mon mieux, car elle était paralysée et grabataire.

J'ai beaucoup prié pour elle, afin que le seigneur la prenne en son paradis.

Les fermiers me surnommaient Bricolo

Je me souviens exactement de mon village à l'époque de mon plus jeune âge, je devais avoir 5 ou 6 ans. À cette époque me confirmèrent plus tard mes parents, je n'avais qu'une envie, celle de devenir coureur cycliste! Ce sport que j'aimais tant déjà, au-delà de tout...

Du reste grâce au fruit de mon travail, pour mes 10 ans, je m'étais payé un vrai vélo de course. À cette époque, il était facile pour qui le souhaitait de participer aux travaux des champs. On pouvait démarier les betteraves, ramasser les pommes de terre, arracher le lin. Et puis j'étais déjà très bricoleur, le métier de mon père me passionnait et j'avais dans un coin de son atelier mon petit établi et mes outils, avec lesquels je fabriquais des jouets, des petites brouettes, charrettes, objets découpés dans les chutes de bois que je vendais au moment de la Saint-Nicolas ou de Noël. Et puis j'allais aussi bricoler chez les fermiers des alentours, remplacer une vitre, réparer une serrure ou une porte, changer le grillage d'une cage à lapin, etc. Les agriculteurs me surnommaient « Bricolo ». Ce nom sera connu dans le monde entier 35 ans plus tard, par le biais d'une entreprise que je montais de toutes pièces pour fabriquer des jouets en bois. Je reviendrai sur cette entreprise plus loin dans mon récit.

Voilà comment, malgré la pauvreté dans laquelle nous vivions, j'avais pu m'offrir en récoltant la somme nécessaire, sou à sou, ce magnifique vélo de course. Il était de couleur rouge, et arborait fièrement la marque de son constructeur calaisien « Cycle Maurice Gest ». Ce vélo je l'ai aimé, bichonné avant et après chaque sortie, à tel point que si ma mère avait accepté, je l'aurais remisé dans ma chambre pour dormir près de lui.

N'aimant pas l'école et ses contraintes, ses répétitions, et surtout comme je détestais apprendre des choses qui ne m'intéressaient pas du tout, je rêvais, je me voyais coureur cycliste, raflant toutes les épreuves locales, régionales nationales...

Je me voyais champion gagnant Le Tour de France, devenant l'égal de Louison Bobet, de Fausto Coppi, de Gino Bartali, de Jean Robic, dont j'avais un peu la morphologie. Robic fut du reste à cause de cela, mon second surnom, un surnom qui m'est resté collé à la peau de nombreuses années dans les milieux sportifs que je fréquentais.

Ces grands champions étaient mes idoles, je voulais les imiter, et souvent les dimanches je manquais la messe et les vêpres pour parcourir les routes et les chemins ou pour assister à une course dans un village voisin. Je savais pourtant qu'en rentrant à la maison j'allais prendre une bonne « raclée » par ma mère qui ne tolérait pas ces écarts. Je savais aussi que le prêtre allait me punir. Qu'importe, je vivais ma passion. Ce prêtre n'appréciait pas mes manquements aux offices, et mon peu de motivation pour le catéchisme. Je trouvais stupide et inutile d'apprendre des prières par cœur... Très croyant déjà, et respectueux du Seigneur, je priais à ma façon et m'adressais à lui très souvent, sans avoir besoin d'un intermédiaire! Le prêtre, qui n'appréciait pas ma passion pour le sport cycliste et qui ne supportait pas de voir l'objet de ma passion, dont il pensait probablement qu'il avait été placé sur mon chemin par le diable, m'interdisait, pour me punir, de ranger mon vélo de course sous le porche de l'église à côté de celui de mes camarades...

Daniel Baclez à l'âge de 12 ans avec son premier vélo de course.

Gaston et Roger Boulanger

Enfant, c'est-à-dire âgé de 8 à 11 ans, j'avais également une profonde admiration pour deux jeunes habitants de Frethun mon village, les frères Boulanger. Roger et Gaston étaient de brillants coureurs cyclistes. Des amateurs certes, mais ils raflaient de nombreuses épreuves locales et régionales régulièrement.

Les frères Boulanger « marchaient », pour employer un terme qui convient bien aux amoureux de la petite reine. Quelle chance pour moi, gamin passionné de vélo et de compétitions de fréquenter ces garçons, mais aussi leurs parents Zéphire et Madeleine !

Je me rendais souvent en leur demeure distante de quelques centaines de mètres de la maison familiale, notamment pour écouter les conseils de Zéphire pour l'entretien de mon vélo, mais également pour ma préparation physique (puisque je voulais devenir champion cycliste, tant qu'à faire...). C'est Zéphire Boulanger qui le premier m'avait surnommé Robic !

Je profitais par la même occasion de la tendre protection maternelle de Madeleine et je goûtais à ses délicieuses tartines à la confiture. Qui plus est Monsieur Boulanger père était très copain avec le mien ! Après ma journée de classe (quand je ne faisais pas l'école buissonnière), il me racontait la dernière course de ses fistons, et en détail, s'il vous plaît...

Les échappées, les sprints, les crevaisons, qui étaient nombreuses à cette époque d'après guerre à cause des mauvais revêtements des chaussées, les chutes provoquées par les nids de poules, causes inévitables de roues voilées, de cadres tordus, de fourches brisées ! Mais il y avait aussi les applaudissements du public, les récompenses obtenues, qu'elles soient matérielles ou financières, et puis la remise des gerbes de fleurs aux trois premiers par quelques très jolies filles, souvent reines de beauté locales, comme il était déjà de règle à l'époque.

J'admirais et j'enviais Gaston et Roger pour toutes ces choses et je frissonnais de savoir que j'allais bientôt affronter les fureurs des pelotons, les clameurs des supporters. Malheureusement, comme je l'ai raconté plus avant, la maladie m'a empêché de réaliser mon grand rêve de victoires, de Tour de France, et de bouquets de fleurs.

Gaston et Roger étaient mes idoles, surtout Roger qui était plus jeune et habitait le village. Son frère lui plus âgé demeurait à Calais. Il m'arrivait souvent d'accompagner Roger sur le théâtre des opérations dans un village voisin ou dans une petite ville périphérique. Il me prenait dans sa voiture pour que je puisse suivre la course et le regarder, que dis-je l'admirer, le supporter et l'applaudir lorsqu'il s'échappait seul ou en compagnie de son frangin. Son épouse Mireille était charmante, toujours prévenante envers le petit gamin que j'étais, elle me « couvait », me prenait la main pour me faire traverser les routes, se préoccupait de mon confort : avais-je chaud ? Froid ? Avais-je faim, soif ? J'étais heureux en compagnie de cette formidable famille que j'aimais, et que j'aime toujours beaucoup, enfants, beaux-enfants et petits enfants compris maintenant...

Le père Zéphire me comblait souvent de bonheur, en m'offrant les anciens maillots publicitaires que portaient ses fils en compétition quand ceux-ci changeaient de marque, ou ne les trouvaient plus assez à leur goût.

Il me faisait cadeau aussi de pièces pour mon vieux vélo de récupération ordinaire, transformé en « spécial course », bien avant que je puisse m'en offrir un vrai ! Un dérailleur, des boyaux trop usés pour la compétition mais encore bons pour l'entraînement d'un apprenti coureur. Grâce à un guidon façonné par le maréchal-ferrant qui était aussi le forgeron du village, j'avais vraiment l'air d'un coureur. Ces artisans-là savaient tout faire, aussi bien une remorque agricole, fabriquer une charrue, ferrer un cheval ou forger un cadre de bicyclette… Quelle époque !

C'était juste après la guerre 39-45 et on manquait de tout, et aussi de moyen. On ne jetait pas un vélo même bien abîmé, on bricolait, on réparait tout…

C'est ainsi que j'ai appris à démonter, remonter un vélo, régler parfaitement un dérailleur et un pédalier, le mécanisme d'un changement de plateau, assouplir une selle en cuir avec de l'huile de pied de bœuf, changer des rayons, dévoiler une roue etc.

Par ce fait je réparais les vélos de mes copains, ceux de ma famille comme ceux de mes voisins. J'aimais aussi les repeindre, comme c'était la mode à cette époque, et passer les jantes des roues, les bras de pédales et le guidon à la peinture argentée. Je faisais un petit commerce avec ce savoir-faire, en quelque sorte.

Avec les frères Boulanger je suis resté très ami, surtout avec Roger. Ce dernier a longtemps tenu un magasin de vente et de réparation de vélos, de vente de matériel de pêche et de chasse dans la ville de Calais. Nous nous sommes vus régulièrement durant des années notamment les vendredis soir, pendant que mon épouse accompagnait mes enfants aux cours d'accordéons ; c'était en quelque sorte ma soirée de célibataire… Et puis nous allions à la chasse ensemble, une fois dans son marais, une autre fois dans le mien vraiment nous sommes restés très proches depuis notre jeunesse. Avec Gaston, ce fut la même chose. Il était président de l'entente cycliste calaisienne, j'étais son vice-président, et cela a duré 20 ans environ, avant de le remplacer dans cette fonction. Notre amitié était là aussi très forte, et elle l'est restée…

La famille Boulanger est très liée à la mienne, nos histoires sont communes !

Quelques années plus tard, je venais d'avoir 15 ans, un refroidissement me provoqua une terrible maladie, qui me paralysa, me privant totalement de mon sport favori. La maladie fut trop longue mais ne pouvant résister, je repris mon vélo et l'entraînement, si l'on peut appeler ainsi une balade à un rythme soutenu. Rapidement il y eut une rechute de la maladie, avec une atteinte au sommet du poumon gauche. Mes rêves de courses et de victoires s'écroulaient avec elle. S'en était terminé avec le cyclisme, pour mon plus grand malheur.

Suivit alors un moment de grand chagrin ; déçu, je pleurais sur mon cher vélo, sur ma destinée… Je me demandais si vivre encore en valait la peine… C'est vrai, mon instituteur avait raison. Sans savoir, sans même avoir obtenu mon certificat d'étude primaire, j'étais un raté. Seul le travail avec mon père pouvait me sauver, car j'avais comme lui et mon frère aîné, un don certain pour le travail du bois. Lui m'avait compris, il savait que j'étais un vrai manuel, pas un intellectuel. À cette époque, ce n'était pas un problème pour travailler, il suffisait d'être bon dans un domaine ou dans un autre.

Le modernisme tue les artisans

Après quelques années d'apprentissage passés à l'établi et sur les chantiers, en compagnie de mon père et de mon frère, il s'avéra que le métier de charron devenait précaire, voire obsolète. À cause de l'arrivée de remorques métalliques montées sur pneus, la roue en bois cerclée de fer était en phase terminale et le tracteur avait rapidement remplacé le bon vieux cheval de trait. Adieu semoir, herse, butoir, moissonneuse hippomobile, bonjour technologies nouvelles !

Certains forgerons s'en sortirent un temps en se reconvertissant dans la construction de remorques, dans la réparation de tracteurs et de machines agricoles. Le même sort les attendait cependant avec l'entrée sur le marché des industriels du machinisme qui inondèrent rapidement les campagnes ! Eux aussi durent se reconvertir encore.

Mon père, qui avait de grandes capacités manuelles et connaissait également la menuiserie, la charpente et l'ébénisterie, ne se laissa pas démonter par la fin de la profession, et malgré d'énormes difficultés il s'intéressa à la fabrication de moulures, un métier que l'un de ses beaux-frères avait exercé avant la guerre. Avec la reconstruction, le marché redevenait porteur, notamment dans la moulure décorative, mais aussi dans la moulure cache fils électriques, les plinthes, etc. Il décida donc d'installer un atelier de fabrication.

Avec des moyens financiers réduits, son outillage destiné au charronnage ne valant plus rien d'autre que le prix de la ferraille, il se lança avec courage et recommença à zéro. Il acheta une vieille machine qui avait passé les années de guerre dehors à la merci des intempéries, la remit en état et commença à fabriquer des moulures.

S'il avait trouvé le chemin de sa reconversion à 45 ans, mon père n'avait cependant pas acquis sa nouvelle clientèle. Charron, celle-ci était sur place et dans les villages environnants la clientèle venait à lui. Avec la moulure il fallait aller la chercher partout, dans toute la France. En plus d'être très bon manuel, il lui fallait être aussi commercial et fin négociateur. Fini la discussion d'un prix avec un fermier sur le coin de la table de la cuisine familiale en buvant un café. Il lui fallait séduire des marchands qu'il ne connaissait pas dans toutes les régions, il lui fallait aussi correspondre par courrier et discuter de prix de revient, de rentabilité, etc.

Pendant ce temps j'avais grandi, j'avais un peu plus de 16 ans et j'étais presque guéri de ma maladie pulmonaire. Mon père cependant ne s'en sortait pas facilement. Il avait beaucoup de difficultés à se faire une nouvelle clientèle et cela traînait trop qui plus est mon frère aîné tomba gravement malade. Il n'y eut bientôt plus un sou dans la maison, bref nous étions presque dans la misère. Ma famille avait un cousin entrepreneur de battage qui cherchait du personnel ; ce travail était dur, épuisant car il fallait tenir 12 à 14 heures par jour, dans le bruit et la poussière...

La batteuse : c'était le bagne

Qu'à cela ne tienne, à la demande de mon père je pris d'abord une place de remplaçant qui se transforma rapidement en deux campagnes de 4 mois l'été et 3 mois l'hiver.

Nous travaillions en équipe, et étions payés à la tonne les cadences étaient infernales !

Pour me rendre sur les chantiers de battage, et suivre la machine qui se déplaçait de ferme en ferme, il fallait faire de 12 à 20 kilomètres en vélo deux fois par jour. L'été, cela ne posait pas trop de problème, l'hiver par contre quand il pleuvait ou quand il gelait ou neigeait c'était une autre affaire. Et puis il fallait servir cette infernale machine 10 heures par jour, dehors, debout sur un plateau d'à peine un mètre carré. Ma fonction de cercler des ballots me positionnait à côté d'un énorme volant qui tournait très vite en entraînant une large courroie produisant un fort courant d'air.

Qui plus est de l'autre côté, la presse à chacun de ses mouvements dégageait un nuage de poussières. Je ne pouvais comme mes autres compagnons de misère quitter une seconde mon poste, car il fallait suivre la cadence. Je n'avais même pas le temps de boire un coup, tellement les ballots arrivaient vite. Pour le repas du midi, nous nous arrêtions une petite heure, durant laquelle on en profitait pour graisser la machine, ce qui réduisait encore ce temps de pose de plus d'un quart d'heure.

Combien de fois j'ai pleuré comme un gosse, souffrant de cette ambiance dure, vulgaire, parmi ses hommes des saisonniers venus d'un peu partout durs, qui pour la plupart étaient des voyous, des ivrognes au passé douteux. Sans pitié, ils m'insultaient, sachant que mon père était artisan, ils me croyaient riche, et pensait que je leur volais leur pain… Alors qu'il n'y avait pas un sou à la maison. J'étais le gamin de 16 ans, le souffre-douleur des chantiers de battage, car les autres jeunes travaillant avec moi, avaient au moins 35 ans.

Je me souviens, un jour, nous battions la moisson dans une ferme d'un village voisin, distant de 12 kilomètres, il plut toute la journée à grands seaux d'eau. J'étais trempé jusqu'aux os depuis le petit matin, je souffrais de tous mes membres. Le soir vers 20h après avoir parcouru les chemins caillouteux et boueux qui traversaient les champs, à bicyclette je rentrais à la maison. J'étais sale, mes vêtements comme mon visage noircit par le cambouis mélangé à la poussière… on ne voyait que mes yeux! J'ajoute que les pneus de mon vélo avaient du mal à supporter les nids de poules et les gravillons et qu'il m'arrivait de devoir poser une rustine avant de poursuivre ma route…

Il y avait tellement de poussière que j'étais obligé de protéger mon nez avec un grand mouchoir noué derrière la tête, afin de pouvoir respirer. Cette poussière m'occasionnait des éternuements permanents et de fréquentes hémorragies nasales.

J'occupais sur la batteuse le poste de passeur de fil de fer, c'est à dire celui qui tirait après une autre manœuvre, sur le fil huilé destiné à cercler les ballots de paille pressés par un gros piston.

Ce n'était pas la première fois que je rentrais dans cet état, mais ce jour là c'était pire que les autres jours, à cause de la pluie incessante!

Ma mère ouvrant la porte, me voyant dans cet état éclata en sanglots. De grosses lames coulaient sur son visage, je me mis à pleurer aussi, peiné de la voir ainsi autant chagriné sur mon sort.

Je constatais là véritablement ma misère, moi qui avais rêvé de devenir champion cycliste, qui s'était mis à croire aux bravos de la foule, aux gerbes de fleurs distribuées aux plus forts aux arrivées ! La maladie avait fait s'écrouler mes "châteaux en Espagne" comme des châteaux de cartes, je n'étais plus qu'un vulgaire batteusier ! Honteux de ma situation, je me rendis compte que je n'avais aucun avenir autre que celui de manœuvre des autres, tous aussi miséreux que moi. Je savais que le métier de batteusier ne me mènerait à rien d'autre qu'à la misère. Je ne pouvais construire aucun projet autre, que celui de gagner en attendant l'argent qui arrangeait bien mon père dans l'attente de mettre au point la commercialisation de sa production de moulures.

Je me sentais fautif, parce que je n'avais pas voulu apprendre à l'école, parce que je n'avais pas voulu écouter mon instituteur. Je réalisais mes erreurs d'enfance, et je repensais à quelque chose qui me faisait du bien : Cela se passait régulièrement quelques années seulement auparavant, j'étais encore si jeune. Après le déjeuner ma maman me faisait un câlin, elle me prenait "à gron" c'est à dire sur ses genoux ma tête reposant sur sa poitrine et je m'endormais doucement en suçant mon pouce… Ce soir là ma mère fit chauffer de l'eau dans une grande bassine et m'aida à me débarbouiller en me disant dans son patois toujours en sanglotant : "Vas-y pu min fiu, vas-y pu !"

Une fois propre, pendant que je dégustais avec appétit le bon repas qu'elle m'avait préparé, car nous étions très mal nourris dans les fermes, je lui racontais ma journée, n'omettant pas de lui confier que nous avions malgré le mauvais temps réalisé un gros tonnage et que j'avais gagné beaucoup d'argent. Le lendemain malgré le conseil de ma mère "Vas-y pu min fiu" dès que réveil sonna à 5h30, je repris avec courage et volonté le chemin de la batteuse.

J'étais à cette époque je l'avoue amoureux d'une petite jeune fille de mon village à qui je n'étais pas indifférent du moins je le pensais. Cette gamine qui avait environ 16 ans elle aussi aimait se balader dans les chemins creux, et de peur de la croiser dans un tel équipement je faisais un détour, pourtant un jour rentrant du travail, je ne pus éviter de passer devant elle, sale, poussiéreux, en sueur, un vrai cochon…

Le dimanche suivant, la rencontrant dans l'espoir de lui conter fleurette, elle éclata d'un rire méprisant en me disant qu'elle avait croisé un "Négro à bicyclette." Je fus très contrarié par cette réflexion, moi qui étais si "faquin" (coquet) toujours à me regarder dans la glace, à coiffer mes beaux cheveux bruns dont j'étais fier. Moi qui essayais toujours de me présenter à elle dans mes vêtements du dimanche! "Dégrayé" comme ont disait à cette époque à la campagne je vis de moins en moins cette jeune fille, heureusement pour moi, car déjà elle n'était pas très sérieuse. Du reste quelque temps plus tard après elle quitta le village pour épouser un étranger!

Cette époque de la batteuse je ne l'oublierai jamais, car les saisons ont été des grandes périodes d'humiliations à la fois de la part des hommes avec qui j'ai travaillé, mais aussi vis à vis des copains et copines dont je n'osais plus croiser le chemin tellement la saleté me collait à la peau. Les batteusiers qui plus est n'étaient pas des gens très fréquentables!

La presse.

Batteuse et presse.

Hommage à Georges Hénon, entrepreneur de battage

Tracé d'un homme qui a marqué toute ma vie.

Lorsque j'étais enfant, j'étais passionné par le matériel agricole. L'homme à qui je rends hommage fut un créateur, un ingénieux : Georges Hénon avait la passion de ce métier…

C'est en 1930 qu'il créa son entreprise de battage sans aucun moyen financier, juste avec son courage, sa ténacité et son ingéniosité.

C'est ainsi qu'il réalisa des machines, inventa des procédés, construisit des batteuses, des presses et quelques dizaines d'années plus tard, sa petite entreprise devint l'une des plus prospères de la région.

Avec mes yeux d'enfant je l'admirais, il était là debout, ses mains dans les poches de sa veste de forte toile bleue, coiffé d'une casquette, le regard fixé sur les machines infernales qu'il avait conçues et fabriquées de ses mains.

Je le sentais fier, heureux presque joyeux l'esprit vagabondant devant le travail fourni par ses batteuses !

Puis un jour, à la fin de sa carrière, l'âge de la moissonneuse batteuse arriva...

Toujours debout, les mains dans les poches de sa veste, coiffé de son éternelle casquette, des larmes plein les yeux, il a vu partir ses machines chez les ferrailleurs. Toutes ces années de dur labeur, de misères, de galère, de sacrifices, disparues à tout jamais, anéanties par les technologies nouvelles.

Les années avaient passé, je n'étais plus un enfant, et j'ai pu comprendre combien cet homme était malheureux. J'aurais tant aimé pouvoir faire quelque chose pour atténuer sa tristesse.

C'est pour cela que trente ans plus tard en mémoire de cet homme que j'ai tellement admiré, j'ai reconstitué au Village Saint Joseph un ensemble de machines agricoles datant des années 1930...

À cette époque lorsqu'une telle machine arrivait dans un village, c'était presque la fête... Tous les gamins se rassemblaient autour d'elle pour l'admirer, tous attendaient ses premiers souffles, ses premières poussées, ses premiers sacs de céréales, ses premiers ballots de paille ! J'aimais admirer ses belles mécaniques construites et maîtrisées et entretenues par les hommes, sans lesquels elles n'auraient pu se mouvoir…

Ces terribles machines, je les ai servies quand les difficultés financières familiales m'ont obligé à travailler de longues heures à la batteuse, dans le bruit, la chaleur, la poussière. Je les ai retrouvées ensuite mais avec plus de bonheur, lorsque dans mon entreprise de charronnage, j'ai dû réparer les imposantes pièces de bois qui les composaient principalement.

Je n'ai pas été mécontent lorsque par nostalgie de cette formidable mécanique, j'ai pu créer dans mon "Village Saint-Joseph" un véritable musée de la machine agricole.

Je ne peux m'empêcher d'associer Georges Hénon à mon pauvre père Joseph charron et charpentier, car ils avaient les mêmes ambitions. Ils étaient tous les deux des créateurs, des grands hommes passionnés par leur métier respectif. Métier et amour du travail bien fait, qu'ils ont su transmettre à leurs enfants.

Je ne pourrais jamais oublier la famille de Georges Hénon qui m'a ouvert ses portes et m'a donné du travail à la batteuse, quand ma propre famille était dans le besoin. Même si j'ai terriblement souffert en accomplissant ces dures tâches, même si j'ai dû fréquenter des hommes durs avec moi comme ils étaient durs entre eux et avec eux-mêmes. Des hommes qui pour la plupart avaient fait la guerre, connu la captivité, voire la résistance. Ils avaient souffert eux aussi, et souvent travaillaient à la batteuse pour nourrir une famille nombreuse…

À cette époque les fils de monsieur Hénon pour faire tourner les machines infernales se devaient de trouver des hommes forts, courageux, capables de travailler de longues heures d'affilées, ils ne pouvaient pas toujours choisir leurs ouvriers!

DANIEL BACLEZ DURANT SON APPRENTISSAGE.

Le grand « Dufilou... »

L'atelier de charronnage et de fabrication de charpente de mon père ne coupa pas durant les années de guerre aux affres de la loi teutonne. Les occupants avaient décrété autoritairement un mode d'exploitation de l'atelier qui consistait en un partage des machines à mi-temps. Ainsi des militaires allemands travaillaient chaque jour à la fabrication de pièces de menuiseries nécessaires à l'ordinaire des troupes, mais veillaient aussi à l'entretien du matériel comportant des bois utilisés pour leurs velléités guerrières.

De nombreux soldats véritables professionnels en leurs métiers travaillaient à proximité de mon père, l'amour du métier et la passion des bois les réunissaient malgré le conflit sur un même thème. Du reste la plupart de ces hommes obligés de porter l'uniforme à contre cœur étaient de braves gens qui ne souhaitaient qu'une seule chose, retourner au pays auprès des leurs. Tous affirmaient mon père étaient respectueux du matériel, comme des règles de l'art du travail du bois. Il faut dire que les dirigeants de l'armée allemande ne négligeaient pas l'utilisation des compétences de chacun, et jamais un coiffeur ou un cuisinier voir un ouvrier agricole ne se retrouva employé dans un atelier de menuiserie (comme cela se passait en France) !

Ainsi me raconta mon père qui fut témoin de l'anecdote, il arriva un jour que son vieil oncle qu'il employait dans l'entreprise comme menuisier fut pris à partie par un ouvrier allemand, parce qu'il brutalisait une mortaiseuse. En effet le pauvre homme qui avait échappé en 14-18 au massacre du « Chemin des Dames en voulait terriblement aux « Boches » quels qu'ils soient, et souffrait de devoir les supporter dans l'atelier qu'il considérait un peu comme le sien ! Alors le brave homme contraint de travailler cote à cote avec ses ennemis de toujours avait la rage au cœur. Ne pouvant cracher sa haine à la face de ceux qu'il considérait comme responsables de ses tourments passés, et des blessures qu'il gardait marquées dans sa chair et dans sa tête, il se vengeait en brutalisant inconsciemment ses outils...

Un jour qu'il n'appliquait pas une procédure dans les règles de l'art, en torturant véritablement sa machine, il fut poussé avec fermeté, et la mortaiseuse immédiatement arrêtée par le soldat charron qui lui intima l'ordre de cesser, de travailler de la sorte et le qualifia de « Mauvais Frençouse » . Stupéfait par ce comportement plus confraternel que militaire, l'oncle changea rapidement sa façon de travailler, et considéra dès lors « le boche » non plus comme un soldat mais comme un ouvrier professionnel en son métier !

Un de ces menuisiers allemands était très grand, il devait toiser deux mètres au moins. Ce géant m'impressionnait mais attirait l'enfant que j'étais alors. J'aimais bien ce grand monsieur simple et aimable courtois avec ma famille qui s'asseyait sur sa caisse à outils de temps en temps pour rouler une cigarette... Si bien qu'un jour une envie me prit de l'imiter, et je lui empruntais subrepticement son cahier à feuilles pour réaliser une « cibiche » non avec du tabac, mais avec un peu de sciure de bois. L'allemand se rendit rapidement compte de ma subtilisation et récupéra cet accessoire nécessaire à la réalisation de ses cigarettes dans un grand éclat de rire *« Tu es un petit du filou »* s'exclama-t-il avec son fort accent Rhénanien ! À partir de cet instant je le qualifiais du sobriquet de « *Grand Dufilou* » Une véritable amitié naquit dés ce jour entre cet homme et moi. Il avait certainement l'âge de mon père ou presque, et devait avoir laissé des enfants dans la peine et dans l'angoisse dans son pays... Grand Dufilou était un excellent charron, et mon père le respectait comme tel. C'était aussi un homme simple et généreux, ainsi chaque fois qu'il recevait un colis, ou lorsqu'il partait en permission, il me rapportait quelques carrés de chocolat et un morceau de cake. Ces friandises faisaient ma joie car comme la majorité des Français à l'époque, ma famille manquait de tout. Cet homme resta dans l'atelier familial jusqu'au moment ou l'armée allemande faiblissante envoya la majorité de ses hommes, même les plus âgés sur le front russe... Le « Grand Dufilou » n'échappa pas à ce destin et termina sa modeste vie de charron-soldat quelque par dans la steppe glacée sibérienne...

CLAIRE MON AMIE D'ENFANCE...

Ainsi que je me plais à souvent le dire, je n'aimais pas l'école. J'avais jusqu'à l'âge de treize ans à peine, usé mes fonds de culottes courtes sur les bancs rugueux de cette cage, où ânonnaient en cadence après le maître mes jeunes camarades!

Vers l'âge de seize ou dix-sept ans si mes souvenirs sont exacts, prenant conscience que je ne connaissais rien ou presque du calcul, de l'orthographe, moins encore de l'histoire et de la géographie, je pris la décision de suivre quelques cours du soir.

Il y avait dans mon village, une petite jeune fille prénommée Claire, avec qui j'avais suivi un peu le catéchisme, et avais fait en même temps qu'elle ma communion solennelle. À cette époque l'Éducation Nationale ne pratiquait pas encore la mixité, et nous nous retrouvions entre garçons et filles seulement après les cours, pour faire un bout de chemin ensemble ou discuter de la vie du village. Claire suivait des cours au collège de Calais pour devenir institutrice, qui plus est, elle ne me laissait pas indifférent... Ma décision fut prise, et je me rapprochais d'elle, afin qu'elle essaie de m'instruire un peu.

Le père de cette jeune fille qui était menuisier, travaillait dans l'atelier de mon père avec d'autres charrons et charpentiers, et en me retrouvant devant Claire, il me revint un souvenir de ma petite enfance.

Je devais avoir cinq ou six ans, et déjà je passais des heures à bricoler dans l'atelier avec des chutes de bois et quelques clous. Cela suscitait des plaisanteries et des railleries de la part des ouvriers de mon père et cela parfois me déplaisait fortement. Il faut bien avouer qu'à cette époque j'étais assez turbulent et espiègle. Qui plus est j'adorais faire des farces, dire des blagues etc. Ma mère souvent me disait dans son patois : « Viens ici min voyou, c'est rien... J'vais pas courir après toi, j't'aurais bien au tournant tout à l'heure ! » Alors les ouvriers prenaient un malin plaisir à me mettre en colère. Je leur répondais avec la fougue de ma jeunesse, et avec le peu de verve que peut avoir un petit enfant. Alors lorsque j'étais à cours d'argument je baissais ma culotte et leur montrais mon derrière !

Un jour le papa de Claire en riant à gorge déployée me promit que la prochaine fois que je me déculotterais devant lui, il me collerait le derrière. Il y avait c'est vrai en permanence un pot de colle posé sur un coin du poêle à colonne qui trônait au milieu de l'atelier, cela afin que chacun puisse faire un assemblage sans attendre que la "gomme-lac" chauffe. Je ne crus pas à cette menace, pensant qu'il disait cela pour le faire enrager et me faire peur!

Mal m'en prit quelques jours plus tard de montrer mon derrière après une nouvelle altercation avec les ouvriers. J'eus beau essayer de me sauver à toutes jambes vers ma maison, un des employés qui du reste était un des cousins de mon père me rattrapa, et me ramena sous le bras au sein du groupe. Là le père de Claire tint sa parole, il baissa ma culotte et m'enduit entièrement le cul, les fesses et le reste de colle très chaude...

L'amalgame brûlant se solidifia rapidement et je hurlais de peur, mais aussi d'humiliation, tout en courant pour rejoindre ma mère. En pleurant à chaudes larmes, je racontais l'événement à celle-ci, en arrangeant bien sûr les choses à mon avantage.

La colère de ma mère envers mes "Tortionnaires" fut terrible, elle ne prit pas l'encollage comme une farce, mais plutôt comme une dure punition pour un petit enfant... Elle ne mâcha pas ses mots : « La prochaine fois tuez-le, ainsi il ne vous ennuiera plus jamais ! » leur lança-elle. Inutile de vous préciser que la manie de montrer mon derrière lorsque j'étais à cour d'arguments s'acheva avec cet encollage.

Le père de Claire n'oublia jamais cet épisode comique de mon enfance. Durant des années il me rappela régulièrement cette histoire en riant aux éclats… Toute sa famille du reste s'était beaucoup amusée de la pantomime, sa fille aussi !

PREMIER BAISER REFUSÉ…

J'en reviens à mes cours du soir, qui se déroulaient en mon domicile. La maison de Claire n'étant distante que d'une cinquantaine de mètres de la mienne, elle venait trois fois par semaine me donner une heure de cours que je lui payais un franc.

Malgré ses qualités pédagogiques et son savoir je ne progressais pas. Certainement parce que je n'aimais pas l'école par contre j'avais pris une certaine aisance au contact de cette jolie jeune fille et un jour alors que je lui avais proposé de faire une pose, je tentais de lui faire un baiser. Non pas le baiser fougueux d'un amoureux éperdu, mais plutôt un doux baiser voulu dans un élan d'amitié et de tendresse. Le baiser d'un gamin qui découvre un premier émoi !

Claire n'appréciant pas ce genre de dérapage s'écarta violemment de la table, et sur un ton qui ne laissait aucun espoir, elle me rappela qu'elle était là en tant que professeur pour me remettre en mémoire toutes les matières que je n'avais apprises ou pas retenues à l'école, et que je ne la payais pas pour lui faire la cour.

Cet événement n'eut heureusement pas de conséquence sur le comportement de Claire, comme sur le mien et notre amitié resta intacte. Du reste lorsque nous nous rencontrions les jours de ducasses ou à l'occasion d'un bal, nous ne manquions jamais de faire un petit tango parfois même un peu langoureux, comme aimaient à le faire jadis gamines et gamins...

Lorsque nous nous rencontrons de temps à autre, nous aimons nous remémorer cette histoire dont nous rions toujours autant!

MON PÈRE LAISSÉ SEUL SUR LE BORD DE LA ROUTE

Je venais de revenir travailler avec mon père, dans son atelier de charronnage restructuré en fabrique de moulures, après les douloureuses campagnes de batteuses.

Mon père avait l'intention de s'attaquer au marché de la reconstruction mais pour cela il lui fallait d'abord s'infiltrer parmi les "Gros faiseurs" de l'époque.

Mon pauvre père comment trouvait-il le courage d'espérer, lui qui n'était qu'un simple charron de village sans le sous, secondé par deux de ses fils presque analphabètes.

Comment osait-il s'attaquer aux grands seigneurs de la moulure déjà installés avant la guerre, à ces riches industriels possédant déjà des machines semi-automatiques manœuvrées par des ouvriers qualifiés et qui stockaient les meilleurs bois dans de vastes chantiers propres et aérés...

Comment trouvait-il la force pour essayer de vivre encore d'un métier du bois, et de faire vivre sa famille ? Car ces gens connaissaient le monde du bâtiment, avaient une forte clientèle, gagnaient déjà beaucoup d'argent !

Mon pauvre père après ce qu'il avait déjà subi, comment osait-il affronter ce monde impitoyable. Il le fit pourtant et commença à travailler avec cœur, trouvant ses premiers contrats commerciaux.

Un jour, au début de cette nouvelle activité, il fut conduit à se rendre à la cérémonie d'enterrement d'un importateur de bois qu'il connaissait bien. Cet enterrement se déroulant dans le village voisin de Coquelles, il s'y rendit à bicyclette, son seul moyen de transport. Nous étions en décembre, et il faisait froid. Mon père avait revêtu sa canadienne en grosse toile et col de fourrure, et portait son inséparable casquette en laine.

Tous les grands industriels du bois étaient là pour dire un dernier adieu à ce brave homme. Bien sûr, ils avaient rangé leurs grosses voitures sur le trottoir en face de l'église, et l'on pouvait admirer les premières DS Citroën, mais aussi des Arondes, des 403, des Versailles et autres Frégates rutilantes.

Les industriels indifférents à sa présence discutaient entre eux à hautes voix, en fumant de gros cigares, et des cigarettes anglaises fortement parfumées. Mon père avait posé son vieux vélo contre une façade de maison, et roula de ses doigts engourdis par le froid, une cigarette de tabac gris ; personne ne le remarqua, personne ne fit attention à lui.

Après l'enterrement mon père rentra à Frethun le cœur gros, et pendant que nous prenions notre modeste repas, il laissa éclater sa rancœur et son amertume, d'avoir vu parmi les industriels son ami Léon, qui était qui plus est un membre de notre famille.

Il était très contrarié par le fait que celui-ci n'avait pas trouvé bon de le saluer, voire de le présenter à ses amis ; bref il pensait que Léon avait eu honte de lui…

Tous ces industriels faisaient partie de la Fédération Nationale des Fabricants de Moulures, et ils avaient dernièrement rejeté unanimement la candidature de mon père et son adhésion à celle-ci, sous prétexte qu'ils n'acceptaient pas "Les margoulins". Ce n'est que quelques années plus tard que nous avons pu adhérer à cette fédération.

Le jour de cet enterrement, qui parmi ces hommes aurait pensé une seconde, que le fils de cet homme à casquette et canadienne humble certes, mais courageux et combatif, les aurait quelques années plus tard dévoré un à un, et qu'il deviendrait un des plus importants industriels de la moulure en France…

Un jour, j'avais 22 ans, et nous étions étant donné notre notoriété qui s'affirmait, intégrés à la Fédération professionnelle. À l'issue d'une réunion, au cours d'un succulent repas pris en commun dans un des plus grands restaurants de la ville, je me trouvais en face de toute cette équipe de vautours, et je les observais… J'avais devant moi des vieux, des industriels assis de plus de 60 ans, et déjà je pensais à leur succession, aux enfants qu'ils avaient envoyés dans les plus grandes écoles de commerce en France comme à l'étranger, certains même terminaient Polytechnique. Ils allaient reprendre les usines, diriger leurs affaires, les faire prospérer ?

Je pensais : *tous n'ont que des fils à papa sans expérience, sans connaissance des bois, sans maîtrise des machines et des outils, aucun n'a marché dans les sciures au temps de sa jeunesse, seulement des tripoteurs de chiffres.* Je les regardais, un à un, et je pensais dans ma petite tête : *avec mon frère forts de nos expériences, nous pourrons les attaquer.*

En les observant, je me disais qu'aucun d'entre eux n'avait pu transmettre un métier, une passion, l'amour du bois à ses enfants. Aucun d'entre eux n'avait su comme avait su le faire mon père, communiquer son savoir et sa force devant les difficultés, les épreuves !

Je ne n'étais pas trompé, tous les fils de ces hommes riches et puissants reprirent un à un les entreprises familiales et déposèrent le bilan quelques années plus tard. Des entreprises que j'ai rachetées à moindre prix bien sûr. J'avais à peine 30 ans quand j'ai “avalé” la première, les autres n'ont pas tardé à suivre.

L'affront fait à mon père sur le trottoir de l'église était lavé, lui si honnête, si courageux, qui avait tant souffert, lui qui avait été écarté par les gros, je l'avais vengé. Sans haine, mais avec détermination j'avais redoré son blason.

L'ENTREPRISE EST LANCÉE, MAIS MON PÈRE DISPARAÎT

Je venais d'avoir 18 ans, l'entreprise était lancée, les commandes affluaient, les finances suffisantes pour commander des bois de qualité et en vivre, c'était merveilleux. Nous commencions à croire à notre chance d'en sortir, quand en quelques jours, mon père tomba malade. Paralysé du bassin et des jambes, il fut hospitalisé à Lille en mars 1958, il mourut le 5 octobre de la même année d'un cancer généralisé, après d'atroces souffrances. Cela fut très dur pour moi de voir mon père souffrir pour mourir et cela m'a marqué pour ma vie entière.

Mon pauvre père, lui qui n'avait jamais baissé les bras, qui avait traversé les guerres, lui qui avait tant travaillé et recommencé trois fois sa vie de travail… et ma mère, elle qui l'avait supporté et avait travaillé avec lui dans l'atelier de charronnage, en l'aidant à soulever les bois trop lourds, elle qui avait vécu à ses côtés les difficiles passages de sa vie professionnelle et les toutes les misères traversées… Pauvres d'eux…

Il faut se souvenir de ce qu'était la vie d'un artisan à cette époque. Pas d'assurance maladie, pas d'indemnité journalière, pas de garantie de salaire, pas de pension en cas de longue maladie ou d'incapacité totale de travail. Durant les sept mois que dura la maladie de mon père, il est resté deux mois à l'hôpital, et cinq mois à la maison. Pendant ce temps, il eut le temps de m'expliquer sommairement quelques points importants de la profession de fabricant de moulures, mais surtout de me parler des contacts qu'il avait pris avec ses clients, ses fournisseurs, et ses banquiers.

Mon père ne négligea pas non plus de m'informer sur les prix d'achats des différents bois et les prix de revient. Mon drame cependant résidait dans ma naïveté et mon ignorance en la matière. Ayant quitté l'école à 13 ans, je savais à peine lire, écrire et compter. Je ne savais même pas ce qu'était un facturier. Je me rendis compte du souci de mon père et de ses inquiétudes à mon égard pour la poursuite de l'entreprise ; moi aussi j'étais inquiet, mais je ne pensais pas qu'il partirait si vite…

Je n'avais qu'un peu plus de 18 ans et mon frère aîné Germain 25 ans tout au plus. Heureusement, ce dernier parfaitement formé professionnellement par mon père en tant que charron, menuisier et moulurier, avait aussi de grandes capacités de mécanicien-affûteur. Il avait lors de l'installation de l'atelier de fabrication de moulures assisté le maître ouvrier et mon père pour le réglage des machines. Intelligent et doué dans son métier, il connaissait toutes les techniques appliquées par mon père. Malheureusement s'il était excellent technicien, mon frère n'était pas un gestionnaire, il n'aimait pas le commerce. Il était cependant la valeur sûre de l'entreprise proche professionnellement qu'il avait été de mon père.

J'étais désespéré de cette situation, puisque je n'avais pas eu la chance de bénéficier du savoir paternel en matière de moulures, et puisque pendant l'installation du nouvel atelier de moulurage, je travaillais à la batteuse! Cependant j'avais un avantage, j'aimais le commerce, vendre, acheter. J'aimais les négociations, j'avais du nez, comme un chien de chasse, cependant avec le handicap important de mon manque de savoir, mon manque d'éducation et de culture... Mais j'avais déjà confiance en Jésus-Christ, à qui je m'adressais de plus en plus souvent comme à un frère. Je le suppliais de me conduire, de me mettre sur le chemin de la réussite, comme je parlais à mon père que je sentais encore proche de moi malgré sa disparition. Chaque fois qu'une difficulté apparaissait, je me rendais au cimetière du village pour lui demander conseil, je parlais à mon père, et même s'il ne pouvait me répondre, il m'insufflait la force de trouver une solution. Durant deux ans au moins, le temps d'apprendre, je fus souvent désespéré; je piétinais sur place, j'avançais, je reculais, j'avais envie de tout arrêter face au monde industriel, aux représentants des grosses et puissantes entreprises de bâtiments, devant des chefs d'entreprises instruits, diplômés de grandes écoles de commerce. J'avais du mal à m'exprimer, à expliquer mon travail, à parler de mes produits, à réaliser de vraies affaires. Eux me voyaient venir, ils profitaient de ma situation et avaient des exigences des prix. Sur certaines affaires, je perdais presque de l'argent… Par contre certains entrepreneurs qui avaient bien connu mon père, voyant avec quelle force je me battais pour sortir l'entreprise familiale de l'ornière, me donnèrent de bons conseils. Ils agirent honnêtement avec moi en affaires et me permirent de tenir le coup.

Les banquiers bien sûr, étant donné mon jeune âge – j'avais à peine 20 ans – ne me faisaient aucune confiance : pas de crédit, pas de facilité de caisse pour régler mes fournisseurs. Eux, comme certains chefs d'entreprises profiteurs sans scrupule lorgnaient déjà sur mon entreprise tous prêts à m'achever au moindre problème…

La seule aide que je reçus fut celle des gendres de ma tante qui, devenue veuve, dirigeait l'usine de fabrication de moulures de mon oncle. Ceux-ci me conseillèrent et m'aidèrent à tenir le coup même si nous étions concurrents… Je tins bon, et je pus continuer à me battre de toutes mes forces en apprenant à acheter mes bois, la fabrication de mes produits, leur commercialisation et le financement de l'entreprise. Combien de fois ai-je pleuré en regardant la photo de mon père Joseph posée sur mon bureau, le suppliant de m'aider, lui demandant si je devais m'arrêter. Je venais de me marier, j'étais pauvre. Heureusement mon épouse travaillait et faisait bouillir la marmite avec ses revenus, puisqu'il était impossible de tirer le moindre revenu de l'entreprise surtout la première année après le décès de mon père.

Daniel Baclez dans son premier bureau.

Germain Baclez dans l'atelier d'affûtage.

La vieille usine avec le personnel.

MON FRÈRE UN ASSOCIÉ PRÉCIEUX

Mon frère aîné René, mais que l'on a toujours appelé Germain son second prénom, pour ne pas le confondre avec un cousin, est né en 1932. Lui non plus n'a pas fait d'étude, et très jeune il a commencé à travailler avec mon père. Ce dernier lui a appris tous les rudiments de la profession de charron, comme de charpentier, mon frère avait une autre qualité, c'était un excellent outilleur-affûteur.

Excepté les saisons à la batteuse, nous avons toujours travaillé ensemble, avons toujours été associé, mais d'une nature assez renfermée, il ne voulait pas entendre parler ni de responsabilité, ni des affaires, ni de l'argent. Il faisait parfaitement son travail et même plus, mais me laissait tout diriger, tout signer. Jamais il ne m'a fait une réflexion sur les orientations que je donnais à l'entreprise. J'ai toujours été pour lui le patron, ce qui fait que j'ai toujours employé le “Je” pour le “Nous” !... Germain n'était pas fait pour le commerce, c'était un artiste, il aimait trop la musique.

Mon frère avait une grande passion pour l'accordéon, et très jeune, il a commencé à jouer de cet instrument. Ma mère me racontait souvent que durant la guerre 39-45, alors qu'il n'avait que cinq ans, il jouait la Marseillaise devant les Allemands.

À 10 ans Germain était déjà un grand musicien, et remporta un premier prix lors d'un concours d'accordéon au Théâtre Municipal de Calais. À 14 ans, il monta un premier orchestre pour animer les bals de villages, les noces et autres festivités communales.

Mon frère fut très malade l'année de ses 18 ans et il a bien failli mourir d'une infection pulmonaire. Il est resté un an en traitement, sans pouvoir faire quoi que se soit. Après sa maladie, il remonta un orchestre composé de huit musiciens, dont il devint rapidement le chef. Mon frère collectionna les succès et fut champion de France puis champion International d'accordéon.

À la mort de mon père il avait 28 ans. Il connaissait bien la fabrication des moulures, et concevoir l'outillage nécessaire à leur réalisation, alors il ne me laissa pas tomber, il quitta son orchestre, rangea son accordéon dans son étui, et me prêta main forte.

Mon frère malheureusement n'eut pas de chance au cours de sa vie familiale. Marié à 29 ans, il perdit sa petite fille unique née handicapée, à l'âge de 11 ans. Son épouse décéda deux ans plus tard. Il eut bien du mal à supporter cette triste situation.

Un troisième malheur s'abattit encore sur mon pauvre frère quelques années plus tard, en façonnant une pièce sur un tour, le mandrin entraîna la manche de sa veste dans l'outil qui lui arracha le bras jusqu'au coude. Depuis Germain est manchot.

À mon tour je suis là quand il a besoin de moi, je viens à son secours. Chaque jour il me rend visite et passe un long moment avec mon épouse et moi-même. Il adore se balader dans le village Saint-Joseph, et surtout écouter mon fils Étienne jouer de l'accordéon !

Un autre malheur s'abat la même année

Alors que j'étais à peine installé aux commandes de l'affaire familiale, un terrible accident m'arriva : une machine m'arracha les deux premières phalanges de trois doigts de ma main droite...

Une épreuve terrible à supporter. En plus des difficultés de l'entreprise, j'étais handicapé pour le reste de ma vie. Je ne raconterai pas les souffrances atroces de cette triple mutilation, ni la souffrance morale qui venait s'ajouter à cela.

Le jour de ce terrible accident, un début d'après midi, je courus comme un fou jusqu'au garage tenu par un ami, je criai : « Paul ! Paul ! Vite... Je suis blessé ! ». Ce bâtiment étant distant d'une cinquantaine de mètres de mon atelier, j'avais l'espoir que Paul me conduise rapidement à l'hôpital de Calais. Mais il était absent. En tenant fortement mon poignet pour arrêter le sang qui giclait par saccades de mes doigts arrachés, je revins sur mes pas et à bout de force, les larmes de douleur ruisselant sur mon visage. Je m'asseyai sur les marches du café voisin de mon atelier et là, pensai à la mort qui allait me délivrer de mes souffrances... Gillette, la bistrotière, qui était en train de repasser dans son arrière-boutique, m'aperçut. Affolée de me voir dans cet état elle se mit à crier, ce qui alerta un de ses clients. Ce dernier qui avait quelques notions de secourisme, lui demanda quelque chose avec un élastique pour me faire un garrot. La brave femme lui donna un de ses soutien-gorge. C'est mon frère Germain, de retour d'un chantier, qui me conduisit à l'hôpital. Malheureusement, il venait juste d'obtenir son permis de conduire et il lui fut bien difficile d'arriver jusque-là. Moi, à demi-comateux, je le suppliais d'aller plus vite, et puis j'avais peur de cette institution où était mort mon père quinze jours auparavant. Alors il me conduisit dans une clinique privée où l'on me prit en charge immédiatement. Cinq jours après ma sortie de cette clinique où l'on m'avait amputé proprement et recousu les moignons de doigts, j'étais présent dans l'atelier pour aider mon frère ; c'était cela ou arrêter définitivement l'affaire, n'oublions pas que je n'avais pas encore tout à fait 20 ans. Je pleurais seul dans mon coin, je suppliais mon père défunt et Jésus-Christ de m'aider à supporter les douleurs de mes blessures, les douleurs de cette main fragilisée que j'accrochais sans cesse.

Un jour, en me cognant très fort sur le bout d'une pille de bois, j'arrachai les neuf points de sutures de mes pauvres phalanges atrophiées. Je tombai en syncope et restai à genoux au fond de l'atelier pendant plus de deux heures. Je souffrais terriblement, ma main était comme paralysée, glacée, j'embrassais cette main dont j'avais besoin pour travailler, manipuler les planches, les scier, les raboter, les pousser vers l'outil façonneur, il n'y avait aucun automatisme à l'époque tout passait par les mains des hommes… Il fallait aussi décharger les camions de bois, parfois des bois bruts de sciage, encore verts, qui pesaient affreusement lourds. Il fallait aussi charger les bottes de moulures usinées pour qu'elles soient livrées en temps et en heure chez les clients. Toutes ces manipulations se faisaient à la main, les chariots élévateurs n'existaient pas encore à cette époque.

En une année, l'année 1958, j'avais perdu mon père le 5 octobre, épousé ma promise le 18 octobre, et enfin j'avais subi ce terrible accident qui m'a handicapé de la main droite ; cela s'est passé le 25 de ce même mois…

Nous n'avions pas d'employé, nous faisions des longues journées de plus de dix heures de travail. Mon frère, bien que très courageux, n'aurait pas pu travailler seul et soulever les bois. Rentrant le soir, la partie commerciale, administrative et financière commençait. Nous n'avions toujours pas d'argent, il fallait faire tourner notre affaire et payer nos fournisseurs en attendant d'être payés de nos factures. J'ai connu l'humiliation de ne pas avoir un centime en poche. À tel point que pour pouvoir assister au mariage de ma sœur aînée, j'ai dû emprunter le costume d'un de mes voisins !

Je m'étais mis à fumer pour calmer mes angoisses et évacuer le stress de nos ennuis permanents. J'avais recours au crédit que voulait bien m'accorder Gillette, la bistrotière-buraliste voisine !

L'aide providentielle de Jules

N'ayant pas suivi de longues études et ayant même quitté l'école assez jeune, j'ai bien évidemment rencontré de grandes difficultés quand j'ai eu à assumer la responsabilité d'une entreprise. Toutes les affaires, accords et autres se traitaient en effet par courrier à cette époque.

J'eus cependant la chance d'avoir un ami très instruit qui put m'aider dans cet exercice. Mon camarade habitait juste à côté de l'usine, il avait une quinzaine d'années de plus que moi et s'appelait Jules. Il était souffrant, atteint, comme beaucoup à cette époque, d'une maladie pulmonaire, il avait passé un certain nombre d'années au sanatorium et sa santé s'étant quelque peu améliorée, il était revenu habiter chez ses parents.

Jules avait profité de ses nombreuses convalescences et de toutes ses périodes où le mal lui avait interdit les efforts physiques pour s'instruire et prendre des cours. Aussi il me proposa ses services quand il s'aperçut de mes ennuis.

En dépit de sa maladie et du fait qu'il se savait à terme condamné, Jules s'est investi et m'a aidé de façon formidable, manifestant à mon égard de l'affection et de l'attachement. Il s'était mis à ma disposition. Aussi je préparais tant bien que mal les différents courriers que j'avais à envoyer et lui, pendant l'heure du déjeuner, corrigeait mes fautes d'orthographe, revoyait la grammaire et la syntaxe. Pour lui, ce travail n'était pas très difficile mais quel soulagement pour un homme comme moi qui ne savait pas manier tous les usages de la langue ! Je considère le dévouement de Jules comme une grâce du Seigneur et ce brave garçon est en photographie dans ma chapelle, en reconnaissance de son aide. Il a contribué, je ne cesserai jamais de le répéter, à ma réussite professionnelle.

Les deux années suivantes s'écoulèrent très rapidement, étant données les longues journées auxquelles nous nous étions astreints pour faire émerger l'entreprise. Un soir après une de ces trop longues journées harassantes, un autre accident vient perturber à nouveau mon horizon professionnel. Une chute de bois brut propulsée par une machine, me perfora le bras gauche de part en part, comme une flèche, me déchirant littéralement le muscle. Par chance un médecin de campagne se trouvait en visite chez une personne demeurant face à mon atelier. Venu à mon secours il s'efforça de sortir cette pièce de bois de mon bras, non sans m'occasionner d'atroces souffrances. Normalement il aurait fallu m'opérer car longtemps j'ai souffert de cette blessure et je ne pouvais plus effectuer certains mouvements. Durant des mois, j'ai travaillé comme un manchot… Très souvent, une grosse boule, une sorte de hernie, apparaissait sur mon bras et la douleur ne se calmait qu'après qu'un voisin ami ait passé une pommade en massant le membre atteint.

Heureusement, j'avais confiance en mon frère comme en moi-même, et je sentais mon père omniprésent à mes côtés, comme je sentais Dieu, auquel je crois de toutes mes forces, prêt à me conseiller, à m'épauler. Les commandes affluaient, qui plus est nous commencions à gagner un peu d'argent. Alors me vint l'envie de m'agrandir, de construire une usine, d'embaucher des ouvriers afin de rendre à ma façon hommage à mon père... Je commençais à me faire apprécier de mes fournisseurs, de mes clients et de mes banquiers, ceux-ci voyaient un gamin se battre avec fougue, avec passion, pour s'en sortir, et un gamin qui tenait ses promesses, respectait ses engagements, un trop jeune chef d'entreprise certes, mais dont la parole valait une signature, un gamin qui ne décevait jamais ses interlocuteurs ; bref ils avaient maintenant tous, ou presque, confiance en moi.

Premier voyage à Paris

Je ne puis, à l'heure où j'écris mes souvenirs, passer sous silence un épisode de ma vie, quelques instants qui ont eu une importance considérable sur le déroulement de ma carrière, et sur la réussite de mon entreprise familiale puis industrielle.

Comme je l'ai dit auparavant, j'avais à peine vingt ans à la mort de mon père et j'avais la charge d'une entreprise dont l'avenir était incertain. Mon père, le pauvre homme, surpris par la maladie, n'avait pas eu le temps de me former, ni de m'informer des tenants et des aboutissements de ses multiples contacts avec des clients potentiels...

Au fil de ses démarches, il avait lié de très bonnes relations commerciales avec des personnes ayant des postes importants dans des sociétés, disposant de filiales ou de succursales dans toute la France, et même à l'étranger. Il connaissait bien le directeur commercial de la Compagnie Générale d'Électricité (CGE), et avait déjà obtenu plusieurs commandes. Ces marchés avaient permis à l'affaire de moulures de démarrer. Mon père s'était rendu plusieurs fois à Paris pour rencontrer cet homme important, c'est tout ce que je savais...

Mais mon père mort, il me fallait poursuivre son œuvre, faire tourner notre modeste entreprise, alors quelques jours après l'avoir porté en terre, je me décidai à appeler ce monsieur dont je n'avais que le nom et le numéro de téléphone à Paris.

Après l'avoir salué, et m'être maladroitement présenté, je lui annonçai la mort de mon père. Cette nouvelle l'étonna et l'attrista profondément, me sembla-t-il. Avec des mots aimables, il tenta de me réconforter, et me demanda ensuite si j'avais besoin de quelque chose. Toujours aussi maladroitement, je lui demandai à ma façon s'il ne pouvait pas me passer une commande de moulures, commande qui arrangerait bien mon affaire en ces temps difficiles. « Venez me voir le plus vite possible à Paris avec vos conditions commerciales et nous verrons ! ». Il m'avait dit cela d'un ton ferme, presque brutal, c'était un grand directeur parisien, il m'impressionnait rien qu'au téléphone, mais je n'avais pas le choix et lui répondit que je viendrai le rencontrer et nous fixâmes une date.

Le combiné téléphonique raccroché, la panique me prit... Je n'avais jamais pris le train, et le plus loin où j'étais allé jusqu'à ce jour était Boulogne-sur-Mer, ville distante de 25 kilomètres de Fréthun ! Bref je n'avais jamais ou presque quitté de vue le clocher de mon village...

J'avais promis à ce Monsieur Clause d'aller le voir, il fallait le faire. Je me mis alors en quête de renseignements concernant le trajet à effectuer à la gare de Calais. Je les obtins et pris un billet aller et retour en troisième classe parce que je n'avais pas les moyens de voyager plus « chic » vers la capitale. L'employé de chemin de fer m'avait prévenu que le *train brouette* s'arrêtait à chaque gare ou presque : « N'oubliez surtout pas cependant de changer à Amiens ! ».

Vous parlez d'une aventure, prendre le train pour Paris !

Alors je préparai fébrilement les documents concernant les moulures, les conditions de travail et de vente que je mis dans un cartable. Et je pris le train en gare de Calais. Une fois installé, j'étais inquiet. Dès les premiers frémissements des boggies je ne pensais qu'au changement… À chaque arrêt je sautais de mon siège comme un lutin pour me précipiter dans le couloir, de peur de manquer la gare d'Amiens où il n'y aurait que trois minutes d'arrêt, et cela surtout par crainte de rater ma correspondance !

Dans le compartiment où j'étais installé, un homme plutôt sympathique remarqua rapidement mon manège et au bout d'un moment il me dit : « Tu ne serais pas le fils de Joseph Baclez par hasard ? » – « Oui pourquoi, vous le connaissiez ? ». C'était un employé de la SNCF, il avait connu mon père, qui plus est, ils étaient nés dans le même village. Ils avaient même été copains d'enfance, puisqu'ils avaient fréquenté la même école communale. Il m'interrogea sur ma destination et me rassura bien vite : « Je me rends également à Paris, ne t'inquiète pas tu n'as qu'à me suivre, j'ai l'habitude ». J'étais sauvé, ce brave homme était sûrement envoyé par mon père qui ne me quittait pas malgré sa disparition physique.

Me voilà donc à Paris, dans cette immense gare du Nord, mêlé aux voyageurs pressés qui couraient dans tous les sens, qui se bousculaient, s'invectivaient. Il y a là dans les halls d'attente toutes sortes de gens, un monde cosmopolite et hétéroclite que je ne m'imaginais pas… Effrayé, je décidai de prendre un taxi ainsi que me l'avait recommandé le cheminot qui m'avait accompagné durant le voyage. Mais je ne savais pas qu'il fallait attendre son tour, je m'engouffrai donc dans le premier que j'aperçus le long d'un trottoir, faisant fit de la queue de voyageurs en attente et passant sous la barrière derrière laquelle ils attendaient tous… Bien sûr je me fis refouler et on me dit d'aller prendre la file d'attente, derrière tout le monde. L'agent de police de faction affecté aux taxis me fit rapidement comprendre qu'il me fallait attendre mon tour, comme les autres…

Après avoir patienté un bon moment et essuyé le refus de plusieurs conducteurs parce que la course était trop courte, j'en trouvai quand même un qui accepta, et qui me déposa au 10 de la Place Stalingrad, lieu de mon rendez-vous. Il me balada un peu dans Paris, pour arrondir coquettement sa prestation, mais je ne le compris que quand je me rendis compte que les bureaux de la CGE, où j'avais rendez-vous, se trouvaient à peine à dix minutes à pied de la gare du Nord…

Je me retrouvais donc enfin devant l'immeuble de mon futur client : c'était immense, au moins six étages de bureaux et j'avais rendez-vous avec Monsieur Clause, directeur des achats de la Compagnie Générale d'Électricité, une entreprise qui comptait à l'époque plus de soixante succursales en France. J'entrai dans un grand hall et demandai à plusieurs personnes de m'indiquer le bureau. Mais ils n'étaient pas de la maison, ne savaient pas… C'est alors que je me suis rendu compte qu'un accueil existait dans le but de diriger les visiteurs et pauvre « péquenot de provincial » j'avais demandé des renseignements à tous les gens que j'avais croisés !

Une jolie hôtesse, élégamment vêtue et très aimable, m'indiqua le bureau recherché. Elle me conseilla de prendre l'ascenseur : là encore, je ne savais pas ce qu'était un ascenseur, et où le trouver. Et puis tant bien que mal une fois dedans, je ne savais pas non plus le faire fonctionner, avec la lumière qui s'allumait, qui s'éteignait sans que je ne puisse rien y faire. Grâce cette fois encore à une personne qui souhaitait aller jusqu'au 6e étage, je réussis et arrivai à ma destination devant la porte 30. Il fallait maintenant trouver la force et l'audace de frapper, mais je le fis. Une voix forte et rude cria : « entrez ! », et je me retrouvai devant une armoire à glace, un homme aux cheveux très courts coiffés en brosse, mesurant au moins 1,90 m. Et pesant certainement beaucoup plus d'un quintal… Il était entouré d'une armada de secrétaires sur lesquelles il semblait régner tel un prince. Stupéfait par un tel spectacle je restai coi devant la porte, ne pouvant plus mettre un pied devant l'autre, arrivé au bout de mes forces par toutes ces épreuves vécues dans une même journée, j'éclatai en sanglots.

Monsieur Clause passa rapidement de l'autre côté de son bureau, et se rendant certainement compte des conditions dans lesquelles je me trouvais, paternel, il me réconforta, me rassura et me fit parler de ma situation. Il comprit immédiatement que je n'étais pas l'homme d'affaire instruit succédant à son père auquel il s'attendait, mais un gamin de vingt ans à peine, complètement désemparé par la situation dans laquelle il se trouvait. Il comprit que je n'avais jamais quitté mon village, jamais pris un train, un taxi, un ascenseur, et que la mort de mon père m'avait précipité dans les affaires sans que j'y sois vraiment préparé… Ce brave homme se rendit compte que je faisais des efforts considérables pour tenter de faire vivre l'entreprise familiale, que je ne disposais pas presque pas de liquidité pour régler mes fournisseurs, que je n'avais pas la confiance de mes banquiers pour pouvoir travailler sereinement.

Il me fit aisément avouer que son entreprise m'intéressait parce qu'elle payait comptant et que si elle me passait une commande, elle m'assurerait une crédibilité financière immédiate. Conquis par ma franchise et par mon honnêteté malgré ma situation pénible, Monsieur Clause me passa une commande de 200 000 mètres de moulures électriques, ce qui était considérable, et assurait plus de 3 mois de travail à l'entreprise…

J'étais heureux et fier en sortant du bureau de la CGE, et content d'avoir pu obtenir cette belle commande. Sur le chemin qui me ramenait à la gare du Nord, en passant devant une boutique d'objets « Souvenirs de Paris », j'achetai une petite Tour Eiffel pour l'offrir à ma mère…

Le retour se passa très bien. J'avais compris la tactique du voyage et ses astuces et je rentrai à Fréthun avec la ferme intention de ne pas en rester là dans le développement commercial de l'entreprise de fabrication de moulures… J'ajoute que mes relations avec Monsieur Clause se poursuivirent. Content du travail effectué et du sérieux de nos livraisons, il n'hésita pas à me faire ouvrir les portes des succursales de la CGE, ce qui nous apporta une aide certaine dans le développement de nos activités…

La famille Lecomte, des fournisseurs exceptionnels.

Une fois que je fus introduit dans la profession, je commençais à jouir d'une certaine notoriété. Néanmoins j'étais toujours à la recherche de nouveaux fournisseurs de bois et ce plus précisément de bois en provenance des Landes car le pin était fortement utilisé pour la fabrication des moulures. À l'époque on faisait venir le bois par chemin de fer, or un jour le destin voulut que l'une de mes commandes n'arrive point à la gare de Fréthun, lieu où j'avais installé mes hangars, mais à celle de Calais. À cause de cette erreur d'aiguillage, je devais donc me rendre dans la ville des « Six bourgeois » pour effectuer le déchargement. Par hasard un de mes confrères était justement installé auprès de la gare de Calais. Ce dernier était d'ailleurs de ma famille. Par curiosité je jetai un coup d'œil sur sa livraison pendant que les ouvriers s'activaient à la descendre du train. Je fus stupéfait par la qualité exceptionnelle de ce bois, même je restais en extase. Déjà je me demandais comment obtenir le nom de son fournisseur, car même si nous pouvions être de la même famille, les affaires sont les affaires, et jamais mon parent ne m'aurait donné cette information. Je vis cependant que la fiche d'expédition était encore agrafée au wagon, j'appris ainsi l'identité du fournisseur, Lecomte Père et Fils. Je pris aussitôt contact.

Un peu plus tard je fis la connaissance de ces fournisseurs alors qu'ils effectuaient une tournée… Cette rencontre fut très agréable : si Monsieur Lecomte père était du même âge que le mien, son fils, Michel, était à peine plus vieux que moi. Je sus dès après cette visite que nos rapports n'en resteraient pas là. Je les sentais tous deux impressionnés par moi car j'étais jeune et à la tête d'une usine et ils avaient de plus compati à toutes les misères que j'avais eues à la suite du décès de mon père. Il y avait donc entre nous un climat de confiance, et une intuition me disait que ces deux personnes pouvaient facilement devenir un père et un grand frère pour moi qui étais seul, j'allais enfin travailler avec des gens que j'estimais et à qui je pouvais me confier.

Je ne m'étais pas trompé à leur sujet, les Lecomte furent de vrais guides, toujours prêts à me donner de bons conseils. Je ne saurais compter le nombre de fois où je leur ai demandé comment faire et de quelle façon, mais ils ont su me mettre dans les bonnes directions… Je me suis dit souvent que Dieu et mon père me les avaient envoyés.

Les Lecomte m'ont fait découvrir tous les rouages de ce métier, j'ai appris en les fréquentant à vaincre ma peur de prendre l'avion ou d'aller au restaurant. Ce sont eux qui m'y ont emmené la première fois et n'y étant donc jamais allé, je n'étais guère à mon aise.

Nous devions nous rendre à l'Hôtel Meurice, une des meilleures tables de Calais à l'époque, à dire vrai je tremblais à l'idée de me voir en cet endroit si richement garni et où la vaisselle était en porcelaine et en cristal, les couverts en argent. Je ne savais pas comment m'y prendre et parfois l'envie de fuir me traversait l'esprit. Je n'avais jusqu'alors utilisé que des fourchettes, cuillères et couteaux pour manger, mais devant moi combien d'ustensiles y avait-il sur la table dont j'ignorais la réelle vocation !

Afin de ne commettre aucune erreur, je décidai de choisir des plats identiques à ceux de mes amis : une fois servi, j'attendrais qu'ils eussent commencé à manger pour observer quel instrument était à utiliser. Cependant voilà que les Lecomte revoient leur commande et changent les plats initiaux, remplaçant leur douzaine d'escargots par des huîtres. Je trouvais assez répugnant le simple fait d'y goûter, et donc je m'en tenais aux escargots, sans savoir comment j'allais m'y prendre pour les manger. La pince, le pique, j'étais bien paniqué... Dans mon ignorance, j'attrapai un premier escargot avec la pince, et je ne sais pas ce qui se produisit exactement, mais ayant mal saisi le « calimuchon », je tentai une manœuvre pour avoir une meilleure prise et soudain voilà l'escargot qui glisse, voltige et traverse la salle du restaurant... Quelle honte! Je ne savais plus où me cacher tellement j'étais gêné... J'allais me lever pour réparer mon geste quand mon ami, Michel m'indiqua de ne pas bouger. Il appela alors avec discrétion le maître d'hôtel et rétablit en très peu de temps la situation. Puis il fit une chose que jamais je ne pourrai oublier: sur le ton de la plaisanterie il me dit que mes escargots avaient l'air bien bon et qu'il en mangerait bien un, et sur ce il utilisa la pince et le pique... J'avais compris l'art de déguster les escargots!

Je me suis donc lié d'amitié avec Michel qui souvent venait m'épauler dans les affaires. Comme je l'ai dit auparavant, mon père était décédé et j'avais beaucoup à apprendre. Grâce aux Lecomte, je n'étais pas seul pour affronter ce défi. Monsieur Lecomte père avait une grande rigueur dans les transactions commerciales qu'il pouvait mener et même avec moi, il était très exigeant pour le règlement des factures. Ainsi aux premières livraisons, voulait-il être payé comptant puis il m'accorda 30 à 60 jours de délais... Il me faisait comprendre la méthode à adopter et je lui en suis reconnaissant car je manquais d'expérience, il ne fallait pas que je m'emballe mais au contraire que je réfléchisse.

Monsieur Lecomte m'a enseigné tous les principes pour réussir, comme de ne jamais mentir à son banquier sinon, expliquait-il, « une fois que cela est fait, toute la crédibilité est perdue… ». Il me conseillait de dire la vérité, et ce, en toutes circonstances. Je l'ai écouté, mettant en pratique la sagesse de ses paroles. Je voyais en lui un mentor, un véritable exemple et j'ai compris que la route était longue mais qu'il fallait toujours faire preuve d'honnêteté afin d'inspirer la confiance. Je retrouvais un peu de mon père dans sa personnalité. J'ai côtoyé Monsieur Lecomte pendant deux ans, il a ensuite pris sa retraite et son fils lui a succédé.

L'amitié que je pouvais avoir pour Michel était extraordinaire, j'allais souvent lui rendre visite à Bordeaux. J'étais un des seuls clients avec qui il avait un tel échange de sentiments. Je connaissais aussi très bien son épouse que j'appelais affectueusement « Dame Françoise », elle fut également une oreille attentive à tous les problèmes que je pouvais avoir et pour cela je la considère aujourd'hui comme une sœur, tant nous avons partagé de confidences.

« Dame Françoise » fut ainsi d'une aide précieuse dans la façon dont je devais me comporter avec mes enfants, ma femme puis mes petits-enfants. Son discours était toujours délicat et tendre et cela me permettait de comprendre que les affaires sont une chose, mais que le respect et l'amour que l'on porte à sa famille et le temps qu'on leur accorde contribuent à l'épanouissement d'un homme. J'ai donc aussi trouvé l'équilibre grâce aux Lecomte.

Je me demandais de temps à autre pourquoi des gens aussi merveilleux s'étaient intéressés à un homme comme moi, sans instruction et sans manière. Il faut savoir que les Lecomte, dont l'exploitation forestière était une des plus importantes des Landes et « Dame Françoise », la descendante d'un riche fabricant de chaussures du bordelais, étaient une famille plus qu'honorable.

Notre amitié dure depuis plus de quarante ans. Nous n'avons plus aucune relation de travail mais le lien a perduré. Il ne se passe pas un mois sans que nous nous contactions. À présent, alors que je projette la construction d'un village dédié aux produits naturels, la famille Lecomte est à mes côtés et m'apporte avis et encouragement. Écrivant ces mémoires, je ne pouvais oublier de m'attarder sur cette magnifique amitié qui m'est si précieuse... Je remercie le Christ d'avoir permis que des êtres si différents se rencontrent et s'aiment ainsi.

J'étais donc fier qu'on ait confiance en moi. Il fallait continuer dans cette voie, toujours en ayant mon père à mes côtés. Mort, il m'aidait quand même autant, ou presque, que s'il avait encore été de ce monde dans ma quête de réussite. Bien sûr mon épouse m'accompagnait depuis mes débuts, elle était, elle aussi, un pilier de ma réussite, elle ne me reprochait rien, ni mon acharnement au travail, ni mes projets, ni mes absences, ni parfois mes crises de désespoir.

Mon épouse a souffert autant que moi au début de notre mariage du décès de mon père, de notre manque d'argent, des débuts difficiles de l'entreprise de moulures, de mon accident durant lequel elle a redoublé de soins envers moi, obligée qu'elle était de m'épauler dans toutes mes tâches journalières. Elle m'aidait à me raser, à me laver, à m'habiller, pour couper ma viande, me préparer des plats qui me faisaient plaisir. Elle me soignait, comme elle bichonnait nos quatre enfants.

Mon épouse a souffert autant que moi de ma blessure, de mes maladresses dues à mes doigts atrophiés. Durant des mois, je n'ai pu tenir de petits objets, tellement mes moignons me faisaient

Le magasin calaisien qui a permis de financer ma nouvelle usine de moulure.

mal, je ne pouvais rien prendre fermement dans ma main droite, je n'avais plus de sensibilité palpable, le moindre effleurement me faisait souffrir terriblement. Elle a toujours été là, disponible, prévenante, souriante, comme elle l'est encore aujourd'hui. Nous nous sommes mariés jeunes, mais nous avons fait un vrai mariage d'amour. Nous nous sommes toujours fait confiance pour tout, dans le malheur comme dans le bonheur. Elle est mon bien le plus précieux aujourd'hui encore, 44 ans après notre mariage je la respecte et je l'aime toujours autant, je n'oublierai jamais ce qu'elle a fait pour moi. Elle est elle aussi un don du Seigneur pour ma réussite.

Quelques années plus tard, l'entreprise que je dirigeais avec mon frère tournait bien, nous employions alors 25 ouvriers et j'avais juste 25 ans. L'affaire était passée du statut d'atelier de fabrication artisanal de moulures au statut de SARL : « Baclez Frères » après son rachat en viager à notre mère. Voilà, j'étais désormais chef d'entreprise, le travail affluait, les locaux de l'entreprise qui appartenaient à ma mère étaient devenus trop exigus pour me permettre de donner un essor industriel à l'affaire. J'envisageais de construire une nouvelle usine, une unité de production moderne, un service réception et d'expédition avec des quais, des systèmes de levage, des bureaux vastes surplombant l'usine de moulurage, et l'atelier d'affûtage le royaume de mon frère.

Si je voulais m'attaquer à certains marchés qui commençaient à poindre, il me fallait absolument m'agrandir, construire cette usine à laquelle je pensais, mais comment? Même si notre affaire tournait bien, nous n'avions pas suffisamment de ressources propres pour envisager un tel investissement. Les banques consultées bien sûr restèrent muettes parce que nous étions en location, donc locataires en quelque sorte du fond de commerce. Il ne nous appartenait pas encore, puisque nous l'avions acheté en viager à ma mère... La rentabilité de la SARL Baclez Frères suffisait pour payer le personnel, les approvisionnements et les charges, acheter du matériel de production, mais elle n'était pas assez rentable pour acheter un terrain et faire construire les bâtiments nécessaires à mes ambitions!

Personne ne voulant nous prêter de l'argent, j'en conclus que l'on ne prêtait qu'aux riches et décidai en quelques secondes de créer mon propre apport, en ouvrant un magasin de bricolage à Calais, la grande ville voisine.

En tant que fournisseur de bois raboté, de planches, de plinthes et autres moulures stylées, j'avais constaté que l'heure du bricolage était venue, chacun voulait désormais faire des petits travaux d'embellissement dans sa maison. J'avais remarqué que certains magasins dans d'autres villes fonctionnaient très bien. Qui plus est, j'avais parmi mes clients un important fabricant en quincaillerie qui pouvait me fournir tout ce dont j'avais besoin pour agencer mon futur magasin. Voilà! Je tenais la solution pour faire de l'argent rapidement ! Il suffisait de revendre ce magasin et trois ans après je disposais de mon apport pour financer ma grande usine !

Je me mis immédiatement en relation avec mon notaire, afin qu'il cherche parmi ses propositions immobilières offertes à la vente à Calais un bâtiment adéquat. J'eus beaucoup de chance, car celui-ci me proposa rapidement un magnifique immeuble de 150 m² disposant d'un grand garage, à deux pas du centre ville situé à l'angle de deux rues larges comme des boulevards et très passagères, le Parc Saint Pierre se trouvant sur l'autre angle de la rue, il n'y avait aucun problème de stationnement, l'endroit idéal en quelque sorte.

À cette époque presque toutes les usines de fabrication de dentelles se trouvaient dans ce quartier, mais il y avait aussi des imprimeries, des cartonneries, des brasseries... Une clientèle potentielle dont je n'avais même pas mesuré l'importance !

Cet immeuble qui était occupé par des locataires au premier et au second étage était à un prix raisonnable, j'hypothéquai immédiatement ma petite maison, que je venais juste de finir de payer, et empruntai la somme nécessaire pour acheter l'immeuble afin de démarrer mon magasin.

Ce fut vite fait, puisque nous faisions tout nous-même. Avec deux de mes ouvriers ébénistes, nous avons changé la façade que nous avons réalisée en bois exotique, avec un large bandeau en pin d'Oregon teinté. L'enseigne du magasin « Bois et Loisirs », réalisée en lettres bleues hautes de 50 cm, ne pouvait pas passer inaperçue, même de très loin...

Nous l'avions décoré avec des lambris et aménagé l'intérieur de façon à pouvoir y ranger toutes les moulures, les planches, les tasseaux et les chevrons rabotés, fabriqués par « Baclez Frères ». Grâce à l'aide de mon client fabricant, le rayon quincaillerie était probablement pour l'époque le plus important que l'on puisse trouver dans la région et les premières machines électroportatives faisant leur entrée sur le marché du particulier, nous avions un rayon outillage pouvant satisfaire même le bricoleur averti !

Une scie spécialement conçue pour découper les panneaux de particules fut installée dans le garage afin d'éviter les poussières dans le magasin, et permettre de rentrer et sortir cette marchandise encombrante sans gêner les autres clients, tout avait été prévu.

En trois mois l'aménagement et la décoration du magasin étaient terminés ou presque, il ne restait plus que quelques finitions de la décoration à terminer. Déjà les invitations étaient lancées afin de faire venir les personnalités locales et régionales, la presse, mes principaux clients, et mes fournisseurs.

Mais le 11 septembre 1967, tout allait pour le mieux, nous étions à 8 jours de l'ouverture du magasin « Bois et Loisirs », je terminais de raboter une dernière planchette décorative quand ma main gauche malencontreusement glissa et passa sur la lame de la dégauchisseuse. La paume de ma main entière passa dans le bac à copeaux ! Clinique en urgence, greffes multiples de muscles et de peau, il fallut plusieurs opérations, incapacité de faire quoi que ce soit, ma main droite était déjà amputée de trois phalanges. Encore une épreuve pour moi mais aussi pour mon épouse, obligée de recommencer à me protéger, à couper ma viande, à m'appâter comme un petit oiseau, à me raser, me laver, lacer mes chaussures, etc.

Heureusement l'usine tournait à plein régime avec des ouvriers compétents, des compagnons menuisiers capables de me remplacer, et des employées de bureaux capables de régler et d'assumer les affaires courantes. Cette fois il me suffisait de donner des consignes et des ordres ! Le jour de l'inauguration de mon magasin, je tins bon devant le public, mes clients, mes fournisseurs et mes amis. Je réussis à faire mon discours sans faiblir avec la force d'un blessé de guerre, la main gauche bandée. La main droite atrophiée. Pauvre de moi... Je remerciais quand même le Seigneur de m'avoir donné la force et le courage de poursuivre mon œuvre ! Je ressentais cependant une fierté indéfinissable d'avoir réussi cette opération commerciale qui était en quelque sorte la marche en avant vers la création de mon usine, l'unité de production dont je rêvais pour la gloire de mon père !

Le magasin marcha très bien très vite. La confiance que j'avais en moi se conforta rapidement. Il fallut employer trois personnes pour vendre la marchandise, débiter le bois et livrer les panneaux. Ce magasin fut une véritable révolution dans la ville à cause de l'apport de nombreux services et de conseils aux visiteurs. J'étais présent et disponible le plus souvent possible, surtout le soir, le samedi et le dimanche matin... Je gardais à l'esprit le projet de vendre ce magasin dès qu'il serait au summum de son exploitation, afin de financer le premier apport de mon usine moderne !

J'étais omniprésent sur mes deux affaires, je ne négligeais ni l'une ni l'autre, il fallait être vigilant mais cela se passa bien. Trois ans plus tard, j'avais 28 ans, l'usine de moulures tournait bien, le magasin marchait au-delà de mes espérances, à tel point qu'il rapportait autant sinon plus que l'usine ! Je me posais même la question de savoir s'il fallait le vendre ou le garder. J'ai cependant décidé de le vendre comme prévu, car j'avais besoin de l'argent de la vente de ce magasin : mon véritable but était de construire l'usine moderne à laquelle je pensais depuis très longtemps.

Au moment choisi, je vendis très vite ce magasin et l'immeuble entier à un très bon prix, une très forte somme qui me permit l'apport et même plus que ce qui était nécessaire à la construction de l'usine ; je réussissais même à payer comptant les terrains et une grosse partie des charpentes des futurs bâtiments. Bien sûr les banques suivirent, les usuriers étant désormais certains de récupérer leurs avances de crédit, puisque j'étais riche.

Durant six mois, ce fut une course effrénée pour ne pas perdre de temps, entre l'achat des terrains, les démarches administratives et financières, et le remblaiement des terrains marécageux. Je fis exécuter ces travaux en périodes creuses, avec des remblais déclassés provenant d'une carrière toute proche, à moindre prix. J'avais déclenché les travaux en septembre, en mars tout était prêt pour implanter l'usine, monter les bâtiments, et les mettre hors d'eau, c'est-à-dire les couvrir avant l'hiver, période pendant laquelle j'allais avoir le temps de réaliser les bureaux.

Des enfants actifs.

Ainsi que je l'ai souvent répété, mes débuts dans la production de moulures furent difficiles. Durant des années, l'argent gagné péniblement servit surtout à faire tourner l'atelier, à payer les factures et le personnel. Personnellement j'étais pauvre !

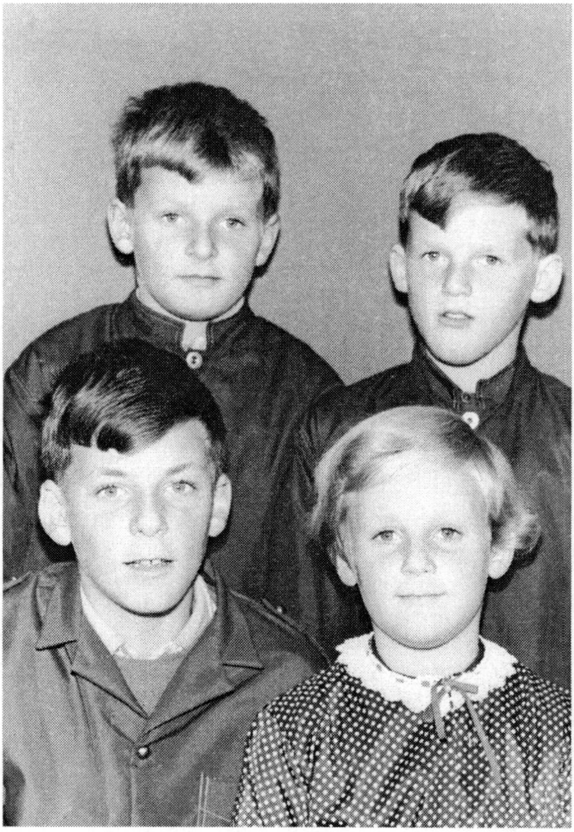

Mes enfants : Didier, José, Étienne et Catherine.

Si nous n'avons jamais oublié de décorer notre maison et d'améliorer l'ordinaire pour les fêtes : Ducasses, kermesses, Saint-Nicolas ou Noël, nos enfants Didier, José, Étienne et Catherine n'eurent pas souvent en cadeaux au pied de la cheminée des jouets achetés dans les magasins. Je leur fabriquais des jouets en bois : fusils, brouettes, chariots. Je leur découpais aussi des formes dans du contre-plaqué, des petits chiens, chats ou oiseaux, qu'ils décoraient avec goût.

Mes enfants mirent bien souvent la main à la pâte pour m'aider, aussi bien pour dresser les inventaires de fin d'année au magasin "Bois et Loisirs" qu'à l'atelier de moulures. Ils ont appris tous les quatre à marcher dans les copeaux dés leur plus jeune âge, comme ils savent tous pousser du bois sur une machine, ou affûter avec dextérité un outil de menuiserie. Étienne lui a appris l'ébénisterie dans une célèbre école belge. Il ne pratique plus le métier et s'occupe désormais du "Village Saint Joseph."

Lors de la construction de la nouvelle usine, ils firent avec mon épouse une multitude de petites tâches, comme préparer les milliers de vis et de tire-fond qui servirent à maintenir les bardages des toitures ! À la maison, chacun avait sa besogne à accomplir : Ma fille aidait mon épouse aux taches ménagères, tandis que les trois garçons s'occupaient parfaitement du potager, assuraient l'entretien des poules et des lapins, mais aussi des pigeons et des perruches que nous élevions en volière. Ils lavaient et nettoyaient aussi la voiture chaque semaine.

Nous n'avions pas de téléviseur, mais les soirées et les jours de repos se passaient en famille autour d'un jeu de petits chevaux, ou d'un tapis de cartes. Nous aimions aussi les soirées au coin du feu. Je leur racontais alors mes anecdotes de jeunesse, celles que m'avaient raconté mon père sur la sienne, et même celles vécus par mon grand-père et certains membres de ma famille… Ce qui fait que mes enfants connaissent parfaitement l'histoire de leurs racines.

J'aurais bien aimé que l'un de mes fils devienne coureur cycliste qu'il réalise mon rêve de jeunesse. Ils s'y essayèrent bien, mais la passion ne fut pas au rendez-vous. Même s'ils étaient bons au cyclo-cross et obtinrent quelques places d'honneur, ils ne persistèrent pas. Sportifs, ils aimaient par contre le football, Didier plus particulièrement.

José, Étienne et Catherine aimaient passionnément la musique, José pratiquait la guitare, Étienne et Catherine l'accordéon. Ils reportèrent de nombreux prix grâce à leur virtuosité, Étienne et Catherine furent plusieurs fois champions d'Europe de la spécialité.

Durant quelques années, ils ont joué ensemble et formé un orchestre qu'ils avaient appelé "Arc-en-ciel". Cette formation familiale a animé les fêtes du village mais également de nombreuses noces et des banquets. Souvent lors des répétitions à la maison, je les accompagnais à la batterie pour rythmer les airs, ils m'avaient appris à jouer à l'oreille. J'avoue que j'ai souvent eu bien du mal à les suivre et poussé de sacrées sueurs, ce qui les amusait beaucoup…

Pour notre bonheur nous avons sept petits enfants: Sabrina, Céline, Lorraine, Ludivine, Alexis, Pierre-Étienne et François-Xavier.

UN DÉMÉNAGEMENT RÉGLÉ COMME DU PAPIER À MUSIQUE

Pendant la construction de l'ensemble industriel, mon frère aidé par un mécanicien prépara le démontage et le transfert des machines, car il fallait bien calculer le coup, afin de ne par rompre la production de moulures et déstabiliser l'approvisionnement de notre clientèle. Il fallait à tout prix réaliser le déménagement durant les vacances entre Noël et le nouvel an, période de fermeture annuelle de l'atelier de fabrication.

Notre atelier tourna jusqu'au vendredi soir, et le lendemain, dès potron-minet, tracteurs, remorques, chariots élévateurs commençaient leurs allers et venues entre l'ancien atelier désuet et l'usine ultramoderne, qui se trouvait à moins d'un kilomètre. Je dirigeais le déménagement comme un véritable chef d'orchestre, conseillant les uns, aidant les autres, poussant une machine pour la mettre en place, tirant sur la chaîne d'un palan pour aider un employé... Chaque ouvrier, scieur, raboteur, moulurier, botteleur ou manutentionnaire, accompagnait sa machine-outil. Chacun avait en charge également le matériel qui accompagnait la machine outillage, rayonnage, casiers de rangements gabarits, avec ses modèles de façonnage et le bois brut restant à travailler... Chacun avait à sa disposition un engin adéquat pour transporter son matériel et le personnel nécessaire pour l'aider à l'installer dans la nouvelle usine.

Cinq électriciens étaient sur place pour effectuer immédiatement les branchements des machines, dont chaque place précise avait été tracée au sol. Une fois la machine réinstallée, branchée, essayée, le matériel d'accompagnement mis en place, l'employé pouvait partir, sa mission était terminée. Seuls les manutentionnaires restèrent sur place pour palier au détail. Le déménagement avait débuté à 5 heures du matin, à 17 heures le soir, tout était terminé !

J'étais fier, heureux : à 29 ans j'avais réussi à posséder mon usine, le déménagement s'était très bien passé. Il n'y avait eu aucun incident à déplorer, je remerciais Dieu et mon père pour ce bonheur, pour cette réussite professionnelle, et ma foi en Jésus-Christ se fortifiait encore parce que je me sentais aidé spirituellement.

Devant le spectacle de cette belle usine moderne étalée sur 3 000 m^2 avec, ses parkings, ses bureaux en surplomb qui donnaient à pleines baies sur l'unité de production, je me rappelais ce jour où nous étions avec mon père et mon frère en train de décharger un wagon de bois dans la cour de la gare de Fréthun. Durant la halte du casse croûte, mon père se mit à rêver à ce qu'il aurait fait s'il avait gagné à la Loterie Nationale. Avec tout cet argent il imaginait qu'il construirait une usine où pourrait travailler une centaine d'ouvriers et où nous aurions pu fabriquer des moulures pour la France entière, et même pour les étrangers…

Il disait même qu'il ferait construire cette usine en cachette de son beau-frère Léon, fabricant de moulures également, avec qui il était très ami bien que concurrent. Il l'aurait invité à venir inaugurer avec lui cette belle unité de travail. Mon père était très copain avec Léon, ils s'estimaient beaucoup tous les deux et se traitaient avec égalité, en confrères, même si ce beau-frère possédait déjà une usine où il employait une cinquantaine d'ouvriers.

Nous étions mon frère et moi suspendus aux lèvres de mon père, nous buvions ses paroles, nous étions en train de vivre avec lui une aventure, bref nous étions comme trois enfants, l'esprit

Fabrique de moulures Baclez Frères.

Vue des différents ateliers : ateliers, profils de moulures, stockage, bureaux, affûtage.

La gamme de nos moulures prestiges.

perdu dans les nuages... Mon père soudain sortit de ses pensées et nous rappela à la réalité du travail en nous disant : « Allez les enfants, au boulot, faut pas rêver ». Il nous fallait terminer de décharger le grand wagon de bois.

J'avais devant moi le rêve de mon pauvre père, son outil de production idéal, je l'avais réalisé... Il s'étalait là, à mes pieds. Il ne me manquait que lui pour partager ma joie, pour que je sois complètement heureux !

Il me manquait, ce père qui avait tant souffert, tant travaillé pour s'établir artisan, lui qui avait subi bien avant ma naissance la misère d'une faillite due à un client malhonnête, un mauvais payeur. En effet mon père venait juste de s'installer artisan charron, quand un Anglais récemment arrivé dans le village d'Audinghen lui commanda de gros travaux de rénovation dans la maison qu'il venait d'acheter. Ce citoyen britannique était un escroc, il ne régla pas les factures de mon père. Ce dernier, peu argenté, ne put faire face aux charges de sa modeste entreprise, et régler ses fournisseurs de matériaux qui le mirent en dépôt de bilan. Il vit ses machines et ses meubles vendus sur le trottoir. Ce jour-là il y avait un ferrailleur calaisien, Monsieur Henri Duponchel, qui assistait à la vente. Il connaissait mon père, c'est lui qui lui avait vendu les machines qu'il utilisait. Il s'approcha de mon père qui était assis sur un tronc d'arbre, il pleurait, la tête entre ses mains, pendant que les amateurs, tels des vautours, se disputaient ses machines et ses meubles. Il posa sa main sur l'épaule de mon père et lui dit avec gentillesse : « Laisse faire Joseph, et cesse de pleurer. Demain il y a une vente de matériel en bon état à Dunkerque, je viendrai te chercher et fais-moi confiance, je vais te réinstaller. Laisse ces rapaces se partager tes restes ». Monsieur

Duponchel tint parole comme il en avait l'habitude, et le lendemain mon père avait retrouvé de bonnes machines qu'il paya 5 F par mois à cet homme qui lui faisait confiance…

Je regardais, j'admirais les rangées de machines illuminées à mes pieds, là, dans mon usine. Comme j'étais fier, comme je me sentais fort, comme je sentais la présence de mon père à mes côtés et celle du Seigneur Jésus-Christ également… Plus rien ne pourrait m'arrêter, désormais je faisais partie des grands, j'avais réalisé les espoirs de mon père, et ce n'était pas fini, je serais j'en étais sur désormais, le plus grand fabricant de moulures de France. Par cette réussite, je rendais hommage à mon père !

Du reste j'ai fait faire un agrandissement d'une des rares photos que je possédais de lui et je l'ai encadrée avec une splendide moulure. J'avais placé cette reproduction dans mes bureaux de façon à ce qu'il puisse contempler lui aussi l'usine dans son ensemble. Cette photographie étonnait toujours mes employés et les visiteurs de l'entreprise. Du reste chaque fois que j'arrivais dans mes bureaux, je lui adressais un regard en lui faisant un clin d'œil complice,et lui disait chaque fois : « Va toujours mon pauvre père, nous sommes les vainqueurs ! ».

Je revoyais comme dans un rêve l'époque de la batteuse, les journées interminables à travailler 12 ou 14 heures comme un forcené, les reins brisés… Et certains fermiers, pas toujours honnêtes, nous prenaient pour des esclaves, pour des « batteusiers », comme ils nous appelaient avec mépris. Et je me souvenais particulièrement de l'un d'entre eux un homme vulgaire, plus bête que méchant, qui, le matin, dès 6 heures, recevait les journaliers à la barrière de sa ferme avec un pot à lait en fer blanc qui contenait plusieurs litres de café. Il servait ce breuvage brûlant ainsi qu'un peu d'eau de vie avec une louche dans une seule tasse que l'on se passait les un les autres. Nous étions pourtant une douzaine d'hommes par équipe. Nous buvions tous dans la même tasse ; ce fermier, je me souvenais des mots qu'il prononçait en versant le café : « Tiens Baclez, fous-toi ça dans ta gueule! ».

Je pensais aussi à mon instituteur qui me disait, avant que je quitte l'école à 13 ans, sans avoir eu mon certificat d'étude primaire : « Baclez, tu seras un cancre toute ta vie, un raté, tu finiras clochard à te sucer les pouces jusqu'aux coudes. Tu veux faire des courses à vélo et tu n'es même pas capable de compter les rayons de ta roue avant. Tu veux faire le tour de France et tu ne sauras même pas te repérer quand tu seras sorti de ton village, tu es nul en géographie! ». « Cause toujours, disais-je dans ma petite tête, je vais devenir un champion cycliste, je vais gagner des courses, je vais le faire le tour de France, vous viendrez tous m'admirer sur le bord de la route, vous serez tous jaloux de ma réussite! ».

Le jour où mon instituteur m'a humilié de cette façon, huit camarades de ma classe avaient réussi leur certificat d'étude, moi je n'étais même pas présentable! Toute la classe riait, plaisantait à mon sujet. Je revivais ces moments, je revivais aussi ma terrible maladie qui m'avait empêché de devenir coureur cycliste, puis mes accidents, ma main droite amputée, la paume de ma main gauche arrachée, les greffes, les cicatrices, les souffrances atroces mais aussi le réconfort d'une épouse parfaite, l'aide de mon père disparu mais toujours autant présent, et puis l'aide spirituelle, l'aide du Seigneur Jésus-Christ. Je me régalais d'autant plus que ma réussite était là, palpable, devant moi, et ce n'était pas fini.

Durant les premières années qui suivirent, je me sentais pousser des ailes, je réussissais toutes mes négociations commerciales, toutes mes actions financières. L'entreprise « Baclez Frères » gagnait beaucoup d'argent, j'avais embauché et formé du personnel, nos approvisionnements étaient bien organisés, la production performante, sans perte de temps. J'eus aussi l'heureuse opportunité de reprendre la clientèle de l'usine de fabrication de moulures de ma tante qui cessait son activité, usine que dirigeait son gendre Léon qui avait été l'ami de mon père, il était resté aussi un de mes amis. Grâce à cette nouvelle clientèle, l'entreprise put doubler sa production et par la même occasion son chiffre d'affaire et ses bénéfices.

Quelques années plus tard, j'avais pris des marchés importants dans toute la France, acheté tous les terrains jouxtant mon usine, construit de nouveaux bâtiments. Vingt ans plus tard j'étais le plus grand fabricant de moulures de France, avec plus de 100 employés travaillant dans 18 000 m2 de bâtiments dotés de machines modernes dont 14 destinées à la grande production, huit cellules de séchoir, un vaste atelier d'affûtage automatisé, des bureaux modernes, bref une usine à la pointe du progrès, entourée de 4 hectares de verdure.

L'usine travaillait entre 800 et 1 200 m3 de bois, et en sortaient 18 000 m linéaires de moulures chaque mois. L'unité « Baclez Frères » était reconnue comme la meilleure de France en la matière, et la seule en France à avoir construit des cabines insonorisées pour le confort de son personnel. Mon entreprise a été donnée en exemple par l'inspection du travail et de nombreux articles dans des journaux nationaux lui ont été consacrés. J'avais accompli ma mission !

C'est à cette époque que j'ai rencontré mon ancien instituteur par hasard. Il n'en revenait pas de mon succès : « Daniel, m'a-t-il dit, j'ai suivi ton affaire depuis que tu as quitté mon école. Après le décès de ton père, que s'est-il passé, quel miracle a eu lieu, comment as-tu fait, sans instruction, sans diplôme, pour tenir le coup dans le monde des affaires, pour employer et diriger autant d'ouvriers, de techniciens, de cadres ? ». « Vous savez, Monsieur Cadet, j'ai souffert, mais je me suis accroché au souvenir de mon pauvre père, et puis j'ai souvent prié Dieu pour obtenir ce résultat. Mais je souhaiterais vous dire que quand vous m'avez dit : « Baclez tu vas te sucer les pouces jusqu'aux coudes », vous vous êtes trompé, car je ne me suis pas sucé les pouces jusqu'aux coudes, mais jusqu'aux épaules… »

Au fait mes huit camarades, qui avaient obtenu le certificat d'étude et qui avaient ri, qui s'étaient moqués de moi, qu'étaient-ils devenus ? Aucun n'est sorti du lot, seul le cancre avec courage, ténacité et foi en ce qu'il entreprenait, a réussi.

« Bricolo » fabrique des jouets en bois

Vingt ans après la création de cette usine à la pointe du progrès j'étais heureux. J'avais mis en place un personnel qualifié, voire très qualifié, avec lequel j'entretenais les meilleures relations possibles. La plupart de mes ouvriers étaient des copains d'enfance, parfois j'employais leurs enfants, mais aussi des habitants de mon village et des communes environnantes. Paternaliste et prévoyant, j'avais dés 1970 créé une caisse d'entre aide, ce qui était rare pour une entreprise de la taille de la mienne à cette époque. Quand un employé convolait en juste noce, je prêtais ma voiture pour véhiculer le couple le temps de la cérémonie et des festivités. Pas une seule fois en 35 ans de vie industrielle, je n'ai eu un contentieux avec un employé.

Passionné par le vélo, les courses cyclistes j'ai été pendant plus de vingt ans bien évidemment président d'un club appelé

« Entente Cycliste Calaisienne ». Les coureurs portaient les couleurs de mon entreprise « Moulures Baclez ». Pendant vingt-quatre ans, j'ai organisé et financé chaque année deux grandes courses cyclistes dans mon village.

J'ai aussi organisé le premier critérium professionnel qui eu lieu à Calais, sur un circuit de 2 km tracé dans le centre ville. Toutes les grandes vedettes internationales du cyclisme dont Bernard Hinault le champion du monde étaient là ! Bien sûr ce spectacle fut totalement gratuit pour le public : 35 000 personnes purent profiter de la course. Les retombées commerciales furent énormes pour les hôteliers, les restaurateurs et les cafetiers et l'image de la ville. Jamais il n'y avait eu un tel événement sportif dans la cité des six bourgeois. Là encore, si l'on m'avait dit qu'un jour je donnerais le départ d'une course professionnelle, je ne l'aurais absolument pas cru…

Fort du succès de l'opération, j'ai poursuivi l'organisation de cette course durant sept ans. L'événement a été repris depuis par la ville de Calais et la 18e édition vient d'avoir lieu. Je considère la joie et la fierté ressenties dans de tels moments comme une grâce du ciel, du Seigneur.

Durant de longues années, j'ai financé des équipements et du matériel pour les équipes de basket et de football de mon village. J'ai essayé de répandre le bien autour de moi, par exemple en donnant toutes les chutes de bois de mon usine à une association de réinsertion par le travail pour personnes handicapées. Ces personnes pouvaient ainsi travailler en transformant ces chutes, et en les conditionnant par sacs de petit bois à brûler, ils participaient ainsi à la vie active.

Conseiller municipal de mon village durant 28 ans, je n'ai jamais prétendu à un poste important d'adjoint ni même eu envie de me présenter en tête de liste pour être maire. Mes occupations de chef d'entreprise ne m'auraient pas laissé le temps de remplir convenablement un mandat, par contre j'ai accepté d'être président de l'Association d'Éducation Populaire.

À ce titre j'ai remis en état un vieux bâtiment qui servait de salle paroissiale, dont on me fait encore aujourd'hui beaucoup de compliments avec ses grosses poutres rustiques, ses lambris, ses dalles de sol et ses commodités : cuisine, cabinet de toilette etc. Cette salle a été mise au service de la population pour célébrer des événements familiaux marquants, mais elle sert aussi pour les réunions paroissiales et laïques. J'ai fait refaire les bancs et fait insonoriser l'église de mon village ; je me suis préoccupé en permanence de ma paroisse, des jeunes, des anciens et des personnes dans le besoin. Je portais ou faisais porter chaque mois du bois à brûler aux anciens. J'ai aussi préparé des années durant une kermesse annuelle avec en final un grand feu d'artifice. J'organisais également des bals populaires les soirs de 14 juillet, des concours de cartes, des soirées cassoulet, etc. Ces soirées dansantes étaient animées par mes enfants, qui sont musiciens. Ceux-ci avaient monté un petit orchestre musette appelé « Arc-en-ciel » et animaient ces soirées. Les bénéfices générés par les manifestations et les fêtes organisées par mon intermédiaire ont toujours été offerts à la paroisse. Dès que je l'ai pu financièrement, mon plaisir a été de faire plaisir, de donner, de partager, avec les plus humbles, les déshérités, ceux qui ne pouvaient compter sur personne, partager même avec mes ennemis… J'étais devenu riche, très riche par mon travail, mais je n'aime pas les riches. Je ne les ai jamais aimé, parce que j'ai connu la misère, je sais ce que c'est que de ne pas avoir seulement un franc en poche ! Je comprends les pauvres, les malheureux, les exclus. Je me suis toujours trouvé honteux d'être devenu riche, je n'ai jamais apprécié ma situation d'aisance.

BRICOLO RESURGIT DE MA MÉMOIRE

J'avais 45 ans, la situation financière de mon entreprise confortée, une routine commerciale bien installée, je n'avais plus rien à créer, rien d'autre à faire qu'à gérer le train-train quotidien avec vigilance certes, mais dans la routine...

La fabrication de moulures génère de nombreuses chutes de bois, des déchets justes bons à partir à la décharge, ou au feu. Si quelques centimètres de planche ne peuvent pas servir à créer un objet conséquent, par contre, ils peuvent servir à fabriquer un jouet, ou une pièce s'incluant dans une autre. Bref toutes ces chutes pourraient avoir un autre avenir que de devenir des braises ! C'est en repensant à mon petit établi au fond de l'atelier de mon père où je créais des jouets que l'idée me vint d'utiliser mes chutes... Des magasins de bricolage existent bien pour les grands, pourquoi pas initier les plus petits en les apprenant à assembler des jouets. Je me mis donc à fabriquer un petit chariot, des roues, une brouette, un avion, une automobile en bois. En quelques semaines, j'avais créé une soixantaine de jouets uniquement avec des chutes et du bois déclassé, avec une envie folle de les commercialiser. Oui, mais comment ?

D'abord il fallut présenter les modèles créés auprès des instances ayant en charge le respect des normes pour les objets mis entre les mains des enfants par le biais du Ministère de l'Éducation Nationale. Je fus reçu par le chef de cabinet du ministre Alain Savary qui fut séduit par mon idée et mes produits. Il fallut ensuite déposer la marque, les modèles, et aussitôt créer une société, trouver des locaux, former du personnel pour la fabrication de ces jouets. Un catalogue fut nécessaire, avec des descriptifs pédagogiques bilingues, car je visais une clientèle internationale. Mais tout était à faire publicitairement.

Dans ce nouveau métier je repartais à zéro, à la seule différence que j'étais désormais un homme d'affaire ayant une solide expérience en matière commerciale, avec la confiance de mes amis, de mes fournisseurs, de mes clients et bien sûr, vue mon aisance financière, de mes banquiers!

Rapidement un terrain fut acheté à 800 m de mon usine, un bâtiment de 2000 m2 fut construit à côté d'un autre de 500 m2 qui existait déjà et qu'il fallut remettre en état pour y installer des bureaux. Ces travaux furent réalisés entièrement par mon personnel. L'atelier mécanique de mon usine produisit les machines principales que j'avais imaginées, nécessaires à la fabrication des jouets... Une fois de plus, le montage du projet, les plans, demandes de permis de construire et réalisation des travaux avaient été diligentés sans perte de temps, en moins de dix-huit mois, la production pouvait commencer. Ma fille Catherine prit la direction de cette nouvelle entreprise appelée « Bricolo ». L'affaire lancée, le stock des différents modèles constitué, il me restait à trouver la clientèle, à faire connaître ces produits nouveaux. Je pensais faire de la publicité dans la presse écrite et à la télévision, mais cela me parut très cher, irréalisable pour une entreprise qui démarrait. Je connaissais Bernard Hinault, il m'avait été présenté par Michel Thomas, un vieux copain passionné de cyclisme, et nous avons sympathisé rapidement. Michel Thomas, ancien coureur amateur a des années durant passé ses vacances sur le Tour de France. Excellent mécanicien, il était très sollicité par les meilleures équipes. Cette fonction passion lui a permis de tisser des liens solides avec certains personnages importants de le « Grande Boucle », organisateurs et coureurs.

Par son intermédiaire, Bernard ainsi que d'autres grands du vélo sont venus chez moi lors des critériums cyclistes de Calais. C'est du reste Bernard qui avait remporté la première édition. Il avait apprécié et même admiré ma collection de jouets en bois; rapidement, le courant était passé entre nous: l'amour du vélo sans doute... et puis il avait accepté avec plaisir en cadeau un chariot à trois roues de ma fabrication. Je me mis à penser que l'arrivée d'une telle personnalité dans la société pourrait avoir un impact publicitaire important: il fallait que je le rencontre.

Sitôt dit, sitôt fait: Bernard Hinault se trouvait justement dans la région à l'occasion de la troisième étape du Tour de France 1984, je décidais d'aller le voir le soir à l'étape à son hôtel. Il m'a bien sûr aimablement reçu, et je lui ai dit ouvertement que je souhaitais le voir entrer dans ma société pour assumer un rôle médiatique pour la partie publicitaire. Bernard, je m'en souviendrai toute ma vie, était assis sur le bout de son lit, et terminait d'enfiler des socquettes blanches. Il m'a regardé, s'est levé et m'a dit avec un sourire qui en disait long, en posant sa main sur mon épaule: « Hé bien! Je ne dis pas non, à cette proposition, cela m'intéressait de faire quelque chose avec toi... J'admire ce que tu as fait ».

Une joie indéfinissable s'est alors emparée de moi, je ne m'attendais pas à une réponse aussi spontanée. « Je termine le tour (qu'il a gagné du reste cette année-là aussi) je prépare le championnat du monde et lors du critérium de Villeneuve-d'Ascq en septembre, tu viens me voir à l'hôtel et on en reparle ». Ce soir-là, je suis reparti le cœur joyeux, heureux, je chantais de joie dans ma voiture, je remerciais le Seigneur tout puissant de m'accorder autant de faveurs. Je le remerciais de m'avoir fait rencontrer Bernard Hinault, le plus grand champion cycliste de tous les temps, champion du Monde, vainqueur de cinq Tours de France, trois Tours d'Italie, deux Tours d'Espagne et bien d'autres encore!

La page de couverture de notre catalogue "Bricolo" (Éducation nationale).

Quelques modèles de notre production de jouets parmi les 66 référencés.

Présentation de nos jouets au Salon Éducatec-Paris.

Bernard m'a offert deux superbes vélos, dont celui avec lequel il a été champion du monde à Sallanches ainsi que de nombreux souvenirs cyclistes.

Bernard, que j'admirais tant, venait de me dire qu'il ferait bien quelque chose avec moi ! À 45 ans, j'avais la chance de côtoyer cet homme mondialement connu, ce champion dont la presse et la télévision guettaient le moindre coup de pédale, c'était merveilleux !

Septembre est arrivé, j'ai à nouveau rencontré Bernard, à l'hôtel, comme prévu, après le critérium de Villeneuve-d'Ascq. Nous avons passé la soirée et une bonne partie de la matinée du lendemain à discuter de notre future affaire commune, nous nous sommes mis rapidement d'accord sur tout. Il m'a invité à assister à une émission de télévision à laquelle il participait, « Le Grand Échiquier » où il m'a fait rencontrer son homme d'affaire. Nous avons pris rendez-vous pour nous rencontrer chez moi au « Marais de Guines » et quatre mois après, Bernard Hinault devenait mon associé dans la société de jouets « Bricolo » avec 50 % du capital.

À partir de ce moment je pus utiliser le nom du champion pour la publicité de l'entreprise, il vint régulièrement faire la promotion des jouets sur divers salons et passait souvent à la télévision pour parler de sa nouvelle aventure industrielle. Nous étions les premiers en France à avoir refait vivre le jouer en bois ludique et éducatif.

Cela eut un impact considérable sur l'entreprise qui employa rapidement 100 personnes! Bernard était une véritable locomotive; moi, je créais des modèles pour garçons et filles, Bernard, par son envergure et son image sportive, en faisait la promotion. Nous obtenions de nombreux contrats dans le monde entier avec des contrats d'exclusivité comme en Belgique avec Cendrillon, Blanche Neige et les Sept Nains, les petits Ramoneurs, etc.

Grâce à cette entreprise, j'ai pu faire travailler également durant huit ans un atelier protégé pour personnes handicapées. Malheureusement la concurrence déloyale des pays de l'Est, et plus encore des pays asiatiques qui, au mépris des brevets internationaux, copiaient les modèles et les faisaient réaliser à moindre frais par une main d'œuvre illégale. Nous ne gagnions plus d'argent, à dire vrai nous commencions à en perdre. Qui plus est le jouet est un produit qui évolue vite, il faut sans cesse innover, être présent sur les salons de présentation qui se déroulent dans l'Europe entière. Ces déplacements et ces représentations ont un coût important sur le prix de revient du jouet, difficile à supporter pour une entreprise qui veut être performante, calculer au plus juste ses prix de revient, et rémunérer correctement ses collaborateurs…

Cette situation nous obligea à songer à investir dans une production plus automatisée afin de réduire les coûts de production. Cet investissement élevé (5 millions de francs de l'époque), nous fit également réfléchir à l'opportunité qui s'offrait à nous de vendre le savoir de « Bricolo » en matière de création et de fabrication de jouets ce que nous avons fait.

Les acheteurs Taïwanais de l'entreprise souhaitaient que je parte avec eux afin de continuer la création, j'ai refusé. C'est mon fils Étienne, ébéniste et sculpteur diplômé de l'école de Liège, qui dispose de grandes capacités en matière de réalisation de sujets, qui a pris ma place à leurs côtés.

Si l'affaire « Bricolo » était terminée à Frethun en France, les repreneurs eux avec mes idées ont réalisé d'énormes bénéfices, en faisant notamment travailler des ouvriers des pays de l'Est et des Orientaux…

Construire un havre de paix pour la retraite

J'avais alors 51 ans, un peu las après cette grande aventure de « Bricolo » qui avait duré huit ans, j'étais fatigué également par les responsabilités énormes que l'entreprise de moulures faisait peser sur mes épaules.

J'avais entre-temps acheté de vastes terrains au lieu appelé « Le Marais de Guines », à quelques encablures de Calais, avec une partie constructive, une autre en pâturage, en marais et en étang, où je chassais le gibier d'eau. La totalité de ce territoire représentait 26 hectares. Il y a 20 ans, ces terres non cultivables ne valaient pas bien cher, j'en ai donc profité.

J'ai commencé à construire ma maison moi-même. Une demeure dont j'ai fait les plans complexes de par ses colombages, son escalier monumental qui colimaçonne jusqu'à une mezzanine, laquelle distribue les pièces de l'étage, dans un style sortant véritablement de l'ordinaire. Sa disposition en aile, sa tour d'angle, ses menuiseries en arabesque, ses poutres en chêne sculptées, bref j'ai voulu, comme un compagnon du tour de France, réaliser mon chef-d'œuvre, mais grandeur nature.

Cette jolie maison se trouve face à un vaste étang où s'ébattent en permanence des canards multicolores des oies et souvent même des cygnes sauvages…

Dans le même état d'esprit, j'ai aussi construit un joli bâtiment pour y loger mes chevaux, ainsi qu'un atelier pour y bricoler quand sonnerait l'heure de la retraite. Ces constructions m'ont pris une bonne dizaine d'années de travail. J'ai protégé cette propriété par un mur d'une centaine de mètres en façade, et réalisé un porche important ainsi qu'une entrée en pavés, 26 000 pièces que j'ai posées seul. Mes amis et connaissances me disent que j'ai réalisé un véritable coin de paradis.

J'ai mis longtemps à venir habiter cette maison, j'aimais bien celle que je possédais à deux pas de mon usine, et puis cette proximité me faisait gagner du temps, je n'avais même pas à chercher une place pour garer ma voiture! Jamais je n'ai perdu de temps dans ma vie! Durant les 35 ans de ma vie industrielle, j'ai toujours été le premier arrivé, et le dernier parti, toujours très proche de mon personnel. Si un de mes ouvriers avait froid, j'avais froid, s'il avait chaud, j'avais chaud aussi.

J'avais réglé l'affaire « Bricolo », tout allait bien, l'usine de moulures tournait à plein régime, je ne pouvais que m'agrandir pour répondre aux demandes de mes clients, ma propriété était terminée, j'étais assis financièrement, et je commençais à me sentir inutile de ne pouvoir plus rien créer dans le train-train quotidien des affaires.

En quelques mois un dégoût me prit, je n'appréciais plus les contacts que j'avais avec mes clients, devenus des acheteurs de grandes surfaces n'ayant aucune notion du bois, du façonnage, des conditions, du travail manuel. Moi, j'aimais parler du métier avec un vrai quincaillier ou un menuisier de quartier qui vendait quelques tasseaux, quelques mètres de moulures et de plinthes et qui savait conseiller son client.

Cette époque se terminait. Désormais je n'avais de contacts qu'avec des directeurs des acheteurs se moquant parfaitement de la qualité du produit pourvu qu'il soit vendable le plus cher possible, en l'achetant le moins cher possible… Les artisans avaient tous ou presque disparu! Bref je ne supportais plus cette ambiance. J'avais toujours la nostalgie du métier que j'avais appris avec mon père, d'autant plus qu'en bâtissant ma maison, en fabriquant la charpente, l'escalier, les portes et fenêtres, ma passion d'antan avait resurgi. L'idée me vint alors de vendre mon usine, et de recréer un atelier de charpentier, de menuiserie et de charronnage, moderne certes, mais pour y fabriquer du matériel comme autrefois. Ce que je voulais refaire à l'heure de ma retraite, j'avais envie de m'y mettre sur le champ, de ne plus perdre mon temps en discussions stériles et seulement commerciales.

Bernard Hinault reste mon associé, mais aussi mon grand ami.

Après l'aventure Bricolo, Bernard Hinault et moi ne nous sommes pas séparés, comme auraient pu le faire de simples partenaires financiers. Bien au contraire, nous avons continué à nous voir régulièrement, et dès que j'ai évoqué mon envie de monter ma nouvelle affaire sur les vieux métiers du bois au Marais de Guînes, Création Daniel Baclez, « CDB », l'ancien champion du monde, cinq fois vainqueur du Tour de France, des tours d'Espagne et d'Italie, et des plus grandes classiques belges et françaises, notamment de Paris Roubaix n'a pas hésité un instant!

« Vas-y Daniel je marche avec toi! » : « le Blaireau » a tenu parole comme toujours... Il est associé à 10 % dans mon affaire, ce qui fait que nous sommes amis et associés depuis dix-huit ans.

Nous nous voyons plusieurs fois par an. Avec mon épouse nous nous rendons en Bretagne chez Martine et Bernard, dans leur jolie ferme. Je ne reste pas inactif, surtout quand mon ami a besoin d'une porte d'étable, d'un porche de grange ou d'un bâtiment agricole. Bernard s'est reconverti en agriculteur éleveur, alors je fais aussi un tour en tracteur dans les vastes prairies de son domaine où s'engraissent plusieurs centaines de bêtes à viande de la race charolaise. Avec Bernard nous leur distribuons du foin et des céréales. J'ai, il y a quelques années déjà, fabriqué pour Martine et Bernard un meuble du style Louis Philippe, très apprécié par tous ceux qui l'on vu, afin que l'ancien champion puise y exposer ses trophées, médailles et les objets d'art, bref ses récompenses récoltées au fil d'une carrière exceptionnelle, pas encore égalée...

Bernard m'a offert plusieurs vélos, extraordinaires, dont celui avec lequel il a gagné le championnat du monde à Sallanches en 1980. Ce vélo est du reste exposé dans une vitrine avec le maillot adéquat ainsi que les autres maillots jaunes, verts et roses des différentes victoires d'étapes de la grande boucle. Cette vitrine est visible au Village Saint Joseph, dont je parlerai par la suite, elle fait la joie des amateurs de cyclisme. Il m'a aussi donné de nombreux maillots et de nombreux équipements cyclistes qui font l'envie de bien des amateurs!

En dehors de nos liens financiers, une vraie amitié existe entre nous, et il n'est pas rare que se déplaçant au Nord de Paris, Bernard appelle de sa voiture pour nous prévenir de son arrivée pour quelques heures ou pour une ou deux journées! Quelle joie pour Nanou, mon épouse, et moi-même de l'avoir à notre table pour dîner ou déjeuner; Bernard se régale de choses simples: une bonne soupe de légumes, un gros blanc, ou une cuisse de poulet de Licques rôti...

Bernard ne saurait venir dans le Nord sans passer nous embrasser. Nous sommes comme des frères et j'apprécie Martine comme une sœur.

Appréciant les bonnes choses, et l'authenticité des produits, croyant surtout à mon projet « Le Village des Saveurs », il n'a pas hésité une seconde à m'accompagner, et à porter cette réalisation tant financièrement que médiatiquement: Bernard sera un de mes associés dans cette affaire, que je vous raconte plus loin...

Le dégoût des choses que j'aimais passionnément me prend

À plusieurs reprises, en l'espace d'une année, il s'est passé un phénomène étrange dans ma vie, je me suis mis à ressentir du dégoût pour plusieurs choses qui me passionnaient, mon travail par exemple, et à éprouver un sentiment de rejet pour ce que je considérais comme un plaisir auparavant et des regrets, pour la joie que j'avais éprouvée à pratiquer certains loisirs...

La chasse, qui faisait partie intégrale de ma vie, d'un coup j'en éprouvais un profond dégoût... Comme ça, sans que je m'y attende! C'était un jour comme un autre, et je chassais avec mes amis sur la berge de l'un de mes marais. Une poule d'eau prit lourdement son envol et je lui expédiais instinctivement un coup de mon calibre douze, comme j'en avais l'habitude. La poule d'eau ne fut pas tuée sur le coup, et je m'aperçus qu'ayant tiré trop bas je lui avais simplement cassé une patte, celle-ci pendait lamentablement. Le temps de la viser à nouveau et elle avait disparu dans les roseaux qui bordaient l'autre berge. Mon chien chercha l'oiseau un moment puis abandonna sa piste. La poule d'eau s'était probablement cachée dans un trou pour y mourir, mais peut-être aussi allait-elle s'y faire dévorer vivante ou presque, par un rat, un putois ou un chat haret...

Il faisait très froid et l'eau du marais gelait, il se mit à neiger en fin d'après midi. La soirée d'après chasse ne se passa pas bien, j'étais mal à l'aise, au coin de la cheminée où brûlait une bûche de bois sec... Je me sentais honteux, comme si j'avais fait quelque chose de mal. Le soir après m'être mis au lit, je repensais à cette pauvre petite bête qui devait souffrir au fond de son trou. Cela me tourmenta tellement que je ne pus trouver le sommeil et passai la nuit à méditer. Je fus pris d'angoisses, je sentis la sueur couler dans mon dos et au creux de ma poitrine.

Effrayé par cela et par mon acte de l'après-midi envers cette innocente bête, je fis la promesse au Seigneur de ne plus jamais tirer sur un animal pour le plaisir ! Le lendemain je me sentis beaucoup mieux... Bien sûr, la saison de chasse n'étant pas terminée, j'honorais les invitations que j'avais lancées, et répondais à celles que j'avais reçues. Durant la fin de cette saison, je fus terriblement maladroit, manquant tout le gibier qui partait devant moi, à plumes comme à poils, même dans mes bottes, à tel point que mon garde-chasse n'en revint pas. Il se posa du reste des questions sur mon état de santé...

Pour donner le change et ne pas éveiller de soupçon sur ma décision de ne plus chasser, je prétextais des maux de tête, et des problèmes de réflexe à cause de mes phalanges amputées qui me faisaient souffrir. C'est de cette façon que j'ai pu mettre fin à cette passion sans donner trop d'explication sur mon renoncement aux plaisirs de la chasse, et ne pas vexer mes bons amis qui m'invitaient à poursuivre le chevreuil et le sanglier au bois. J'ai su de la sorte m'exclure sans tapage, ni réflexions désobligeantes du camp des protégés de Saint-Hubert... Je ne chasse plus depuis huit ans !

SANS QUE RIEN NE LE LAISSE PRÉSAGER, LE VÉLO CESSE ÉGALEMENT DE ME PASSIONNER.

Passionné par le cyclisme, j'ai été membre d'un club calaisien durant 28 ans, club que j'ai présidé 12 ans. J'aimais beaucoup les contacts que j'avais avec tous les gens que j'y rencontrais, membres du club, sponsors, dirigeants et coureurs.

Les réunions que nous avions chaque lundi soir étaient toujours le moment fort de la semaine, les coureurs me racontaient leurs courses du week-end, leurs exploits leurs victoires, comme leurs déceptions et leurs espoirs ; je passais un bon moment à les écouter et à les aider moralement.

Personnellement j'aimais parcourir les routes de ma région chaque dimanche de fin avril jusqu'à fin septembre, une balade de 80-100 km ne me faisait pas peur. Parfois même le mercredi soir je faisais une petite sortie de 30-35 km pour entretenir ma forme.

Chaque année, je partais avec des copains pour une longue randonnée en Corse, en Sicile, dans les Pyrénées, des équipées qui m'ont laissé d'excellents souvenirs pour le reste de ma vie. Comme je l'ai déjà écrit dans un chapitre précédant, cette passion pour le vélo m'avait même poussé à créer un grand critérium professionnel populaire, sur un circuit tracé dans la ville de Calais.

Un jour, alors que j'étais en parfaite condition physique, et que rien ne me laissait penser à cesser la pratique de ce sport magnifique j'ai attrapé le dégoût du vélo, j'ai tout arrêté, même la présidence du club ! Je ressentais les mêmes sensations de dégoût pour mes usines. Alors que tout allait bien, que la production avait atteint son paroxysme je fus pris d'une nostalgie du temps passé, et surtout des relations que j'avais entretenues jadis avec mes clients. Je me mis à regretter les contacts privilégiés que j'avais connus avec mes anciens clients : quincailliers, menuisiers, petits chefs d'entreprises avec qui je parlais des mêmes choses, certainement parce que nous aimions passionnément tous les petits métiers du bâtiment…

Hélas, ces professionnels et petits revendeurs ont été dévorés par les grosses structures un à un, il ne me restait plus qu'à subir la volonté des acheteurs formés au marketing, à la persuasion psychologique des industriels. Il me fallait en permanence subir la volonté des grandes surfaces en matière de prix et céder aux exigences des acheteurs et des chefs de rayons, parce qu'ils étaient les plus forts…

Avec mes nouveaux interlocuteurs, dont la plupart achetaient par téléphone du ciment par centaines de tonnes, et commandaient des panneaux d'agglomérés par kilomètres carrés ou des seaux en plastique par milliers, je n'étais plus qu'un pion qu'ils déplaçaient sur leurs échiquiers électroniques, en l'occurrence sur leurs « cadenciers » de commande informatisés, aiguillonnés, eux aussi, les pauvres, par leur direction…

Aucun d'entre eux n'avait la connaissance du bois, n'en connaissait la vie, la mort, les lieux de plantations, les essences européennes ou exotiques, etc. Pratiquement aucun d'entre eux n'était capable de différencier le sapin du chêne et le hêtre du merisier, qu'importait le savoir, seul comptait désormais le chiffre d'affaire. Rapidement je me suis rendu compte que je n'avais plus envie de discuter avec les acheteurs et les décideurs des centrales des grandes surfaces de bricolage. Le dégoût, me prit non de la fabrication des moulures, mais pour leur négociation.

C'est à la suite de ces événements que j'ai reçu l'appel du Seigneur, qui m'a commandé de bâtir Sa maison, puis de poursuivre mon œuvre avec la création du village Saint-Joseph. Seule demeure mon envie de poursuivre ma découverte des Évangiles, d'approfondir ma foi et de me mettre au service du Christ pour aider mon prochain.

Daniel Baclez lors d'une course de gentlemen.

Départ du 1er criterium professionnel de Calais (à gauche Bernard Hinault).

Quelques Œuvres réalisées par Daniel Baclez.

Un break de chasse.

Bille à billets pour la fabrication de la pâte à papier à l'ancienne (copie d'une machine de l'an 1700).

À l'image de mon cousin, que j'ai beaucoup admiré parce qu'il est devenu prêtre à l'heure de la retraite après une vie de travail, je souhaite devenir diacre, rester le laïque qui aide sa paroisse à vivre sa chrétienté et porter à ma façon la parole du Seigneur.

Les vieux métiers me passionnent

Cependant je n'ai pas abandonné mon goût et mon amour du bois. Entre l'écorce et le cœur de l'arbre, entre les branches, et les planches que l'on débite, il y a tout un monde, un certain nombre d'intervenants, de passionnés, d'amoureux ou de profiteurs. Il faut faire le distinguo ! Il faut connaître les essences, les provenances, faire la différence entre un bois du Nord, un bois de pays, un bois tropical, un bois fruitier, ne pas confondre un pin et un sapin, un chêne et un hêtre. Il faut aussi savoir apprécier un bois plus sec, par rapport à un autre, alors comment pouvez-vous parler bois avec des vendeurs sans connaissance autre que celle des prix… Des charlatans pour la plupart, avec qui il fallait composer pour ne pas perdre une commande voire la clientèle à vie du magasin, mais aussi du groupe dont ce dernier faisait partie. Moi j'avais ces connaissances primaires, la notion innée des choses et de leur valeur, surtout lorsqu'elles avaient été façonnées par les hommes.

Je ne pouvais plus supporter ces gens, cette ambiance. J'avais envie de tout arrêter, de vendre cette usine. En quelques mois ce dégoût empira, j'étais au bord de la dépression.

Heureusement, depuis quelques semaines, j'avais emménagé dans ma nouvelle maison, et une transformation s'était opérée en moi. Là, au Marais de Guines, je retrouvais, dès que je poussais la porte de ma propriété, une certaine sérénité.

Rapidement comme je l'ai toujours fait, ma décision fut prise, je fis venir mes hommes d'affaires et après une courte réunion et une analyse de la situation, ils adhérèrent à mon idée. Étant donnée la condition morale dans laquelle je me trouvais, il fallait vendre l'usine.

Tous me connaissaient bien, ils mesuraient mes capacités et mes facultés pour rebondir, et surtout pour me recycler dans une profession que je connaissais parfaitement et que j'avais apprise avec mon père Joseph. Tous connaissaient également ma foi chrétienne, une aide précieuse pour un homme entreprenant. La joie une fois encore envahit mon cœur, je me sentais déjà plus libre pour redevenir l'humble homme des bois que j'avais toujours été l'homme qui voulait transmettre un savoir ancestral, celui de manier la varlope, le bouvet, le guillaume, la gouge et le maillet, pour façonner avec précision une roue, une aile de moulin ou sculpter une poutre de devant de cheminée…

Oui, ma décision était irrévocable : je voulais vendre mon usine de fabrication de moulures. La maison ayant une forte réputation en France comme à l'étranger, il fallut à peine une année pour négocier l'affaire, et je restai en accord avec le repreneur de celle-ci une année encore dans l'établissement afin de lui passer les consignes et lui apprendre quelques rudiments élémentaires de la profession qu'il ne connaissait pas.

J'avais 52 ans, et je repartais pour une nouvelle aventure. Je repassais de l'industrie à l'artisanat. Pendant le temps des négociations, j'ai donc construit un atelier de 200 m2 dans ma propriété, installé le matériel nécessaire à l'exercice des métiers de charpentier, de charron et de menuisier. J'avais le savoir-faire, les finances, alors j'ai embauché mes deux meilleurs compagnons qui travaillaient avec moi à l'usine, ils m'avaient si bien, si fidèlement accompagné dans ma réussite. Je leur ai appris rapidement car ils étaient habiles, à fabriquer des chariots des rouages et autres pièces spécifiques. J'étais heureux de retrouver les gestes ancestraux qu'avait fait mon père, et bien d'autres artisans avant lui. Je me rapprochais aussi du père du Christ par ces gestes, lui aussi avait été charpentier, lui aussi avait aimé le bois !

J'eus la joie de récupérer, à prix d'or, une ancienne raboteuse, une machine qui avait appartenu à mon père, chez un vieux charron en cessation d'activité, je l'ai remise en état, elle me sert toujours pour le charronnage. Cette machine sur laquelle il travaillait, représente un véritable souvenir de mon enfance, il l'avait acheté en 1930 quand il s'était installé.

Je me devais de réussir, au non de mon père, et pour faire plaisir au seigneur Jésus-Christ. D'industriel je redevenais simple artisan, comme Joseph, comme si mon ami Bernard Hinault, après avoir été un si grand champion cycliste, courait à nouveaux chez les débutants.

Tout s'est alors enchaîné, très vite, j'ai construit des chariots d'attelage, fabriqué des roues cerclées de fer. Grâce à des journaux professionnels spécialisés, j'ai fait connaître ma spécialité, réalisé un catalogue et donné un nom à ma nouvelle société « Créations Daniel Baclez ». Voilà l'affaire était repartie, j'étais passé par bien des phases professionnelles, misère, réussites, succès, richesse même, j'en redémarrais avec foi une autre, pour remettre au goût du jour et revaloriser des métiers anciens. Avec force, j'ai remis en place cet outil de production. Agréés par l'architecte des Bâtiments de France, nous avons, avec mes ouvriers, travaillé à la restauration de moulins, restauré des clochers d'églises, des charpentes de beffrois, des affûts de canons datant de 1515, et travaillé sur beaucoup de monuments classés à l'inventaire des monuments historiques.

L'atelier a continué à fabriquer des roues et des calèches, des chariots fermiers, des charrettes de western, des breaks de chasse. Nous avons aussi construit des oratoires démontables, des moulins sur tours et sur pivots.

Lors d'un salon spécialisé sur le jardinage la culture et la décoration qui se déroulait au Bourget, j'ai présenté mes créations, elles ont connu un succès fou auprès du public. Subjugués par le petit oratoire, certains visiteurs me demandaient des autographes. Mon hall d'exposition a obtenu le prix du plus beau stand, et a été classé hors concours, avec à la fois les félicitations du jury, les honneurs du député de la circonscription, mais également ceux de la presse.

Mes créations ont été photographiées et les clichés publiés dans toute la presse nationale et internationale. La télévision a diffusé sur toutes les chaînes de belles images de mon stand. Bref mes créations rétroactives d'une centaine d'années faisaient fureur au XXᵉ siècle, parmi le matériel moderne, innovant et performant destiné aux générations futures… Ce salon me rapporta énormément de commandes et fut en quelque sorte un écran publicitaire géant…

J'étais heureux, dans cette magnifique propriété du « Marais de Guines » où j'avais mon atelier. Je travaillais désormais avec

Quelques Œuvres réalisées par Daniel Baclez.

Moulin sur tour en briques.

Moulin sur pivot entièrement en bois.

Chariot Far West, copie conforme du Chroneur américain.

La chapelle Sainte Marie-Thérèse-Bernard.

quatre employés tout allait pour le mieux, j'avais mon marais et mes deux étangs pour chasser le gibier d'eau, des pâturages avec des chevaux, et quelques génisses que j'engraissais pour faire des bêtes à viande. J'entretenais la propriété avec du matériel agricole, je récoltais le foin et la luzerne pour mes bêtes en véritable gentleman-farmer. Mon autre passion le cyclisme je l'assouvissais en faisant des sorties régulières d'une centaine de kilomètres souvent le dimanche matin seul ou avec quelques copains. Bien sûr je m'étais offert plusieurs superbes vélos et je portais toujours une élégante tenue adaptée à ce sport. Ne prenant jamais de vacances, je m'octroyais cependant de temps à autres une balade de plusieurs jours avec des copains, pour faire le tour de la Corse, de la Sicile, ou monter quelques cols dans les Pyrénées. Les vacances ne nous intéressaient pas trop mon épouse et moi-même, nous étions si bien chez nous.

Une Chapelle pour louer le Seigneur

Je venais d'avoir 52 ans, j'étais au bout de mes désirs, mon affaire de charronnage et de charpente tournait bien et je réfléchissais à quoi j'allais pouvoir destiner mon besoin de créativité. C'est à cette époque, que j'ai construit ma chapelle, j'avais reçu un appel du ciel, un appel pressant du Seigneur, il me demandait de construire sa maison.

Un dimanche après midi, alors que je me reposais dans un fauteuil, la vision d'une chapelle m'est apparue. Aussitôt, un déclic s'est produit dans mon esprit, et dans l'heure qui suivit, je dessinais à main levée le plan de la future maison du bon Dieu, du seuil au clocher en passant par l'autel et les vitraux. En quelques minutes, j'en définissais les dimensions, 9 m de longueur, 4 m de largeur pour une hauteur de 11 m au sommet du clocher. Ce dessin ne m'avait pas semblé difficile à réaliser, puisqu'il m'était apparu lors de ma vision.

Personne ne m'a contrarié dans la construction de cette chapelle, ni mon épouse, ni mes enfants, ni mes proches. Nul ne m'en a fait reproche, seul les dimensions que je voulais lui donner les ont intrigués, puisque cet édifice n'était pas destiné au public... Une église existe déjà au « Marais de Guines » alors pourquoi ne pas construire un simple oratoire plutôt qu'une aussi grande chapelle, avec son clocher, son chemin de Croix, ses vitraux ?

Un feu intérieur me dévorait, je n'en pouvais plus, je voulais construire cette chapelle, aidé et guidé que j'étais par le Seigneur. En dix mois, elle s'élevait devant moi : belle, majestueuse, comme Dieu me l'avait commandé. Dans ses proportions cet édifice religieux ressemble, il est vrai, plus à une église qu'à une chapelle. Elle est, elle aussi, une de mes fiertés.

Je l'avais construite sans rien demander à personne, sans permis de construire, parce que lorsque j'avais déposé la demande d'autorisation, on m'avait répondu que l'on ne me donnerait pas de permis pour une chapelle, il fallait que je la désigne sous le vocable de « bergerie ». Je n'ai jamais rien compris aux rouages de l'administration, je suis un homme simple, mais je suis un homme de foi, alors j'ai laissé mon instinct me guider et j'ai travaillé pour le Seigneur.

Cependant la chapelle terminée, je ressentais toujours cette force qui m'habitait, qui me commandait de bâtir, de poursuivre mon œuvre, c'est ainsi qu'un jour l'idée m'est venue de construire un moulin, un vrai moulin capable de moudre du grain, puis ce fut une boulangerie avec son four à bois ; ces constructions m'étonnaient le premier, comme elles étonnaient ma famille et mes amis, mais elles constituaient une suite logique à ma démarche vers le Seigneur. Je m'en suis rendu compte rapidement en me trouvant face aux trois édifices. Le moulin représentait le blé et la farine, la boulangerie le pain, la chapelle le Christ. J'avais réalisé cela sans jamais penser à en faire un jour un lieu de visite.

Cinq ans ont passé, pendant ces années « la chapelle du Marais de Guines » a été très visitée, il est vrai que la presse locale et régionale a beaucoup parlé de mes constructions, et continue de le faire, et puis les gens aimaient voir ma fabrication artisanale de chariots hippomobiles, de roues, et de moulins, des fabrications à l'ancienne comme on savait les faire dans les années 1900. J'aimais ouvrir ma porte chaque fois que quelqu'un voulait voir mes réalisations. Bien sûr les visiteurs adoraient voir cercler une roue, appréciaient de voir forger un fer à cheval, mais ce qu'ils aimaient par-dessus tout c'était la chapelle, les visiteurs étaient toujours très étonnés que je ne fasse pas payer pour une visite qui durait une heure, souvent deux, car ils me demandaient des explications sur la construction, mais aussi sur ma foi religieuse qui m'avait poussé à bâtir la maison du Seigneur, sur mon attachement au Christ...

Je profitais du reste de la situation lorsqu'ils étaient assis dans ma chapelle, pour lire quelques passages des Évangiles et je surprenais les visiteurs qui m'écoutaient avec respect, comme si j'étais un religieux, un vrai prêtre. Je ressentais en moi une fierté indéfinissable, un bonheur indescriptible, une satisfaction. Je communiais avec ces gens comme je communie le plus souvent possible avec Dieu. Je ressentais les paroles que Jésus m'insufflait. Les gens me remerciaient, me félicitaient, ils me prenaient les mains, m'embrassaient.

Le village Saint-Joseph est sorti du marais comme dans un songe.

Pendant que je bâtissais mes édifices, je me laissais conduire, je me sentais porté, guidé, dirigé, soutenu. Tout venait à point au fur et à mesure de mes besoins, que ce soit pour financer les travaux, trouver les matériaux adéquats. Avec deux de mes ouvriers, nous réalisons de véritables œuvres d'art en matière de charronnage et de travaux de charpente. Une forge ancienne et un estaminet étaient venus rejoindre les autres bâtiments autour d'une placette, ce qui donnait à l'ensemble l'aspect d'un minuscule village.

Un jour, alors que la municipalité de la commune venait juste de changer, je reçus la visite du sous-préfet de l'arrondissement de Calais. Il m'assura que cette visite était strictement privée, qu'il avait entendu parler de mon travail, et qu'il voulait se rendre compte sur place de l'intérêt du site. Le représentant de l'État fut d'abord surpris, puis stupéfié, m'a-il assuré alors, par l'œuvre entreprise et par la beauté des lieux. Le nouveau maire de Guines, Hervé Poher, élu aussi conseiller général, vint me voir également, en m'affirmant que ce patrimoine était une véritable richesse pour la commune, un pôle important situé à deux pas du site du Tunnel Sous la Manche. Il m'assura que ma propriété, bien située, pouvait devenir un lieu touristique populaire important, et qu'il avait reçu des demandes de la préfecture afin de promouvoir des sites touristiques de ce style. Le maire me demanda ce jour-là de tout mettre en œuvre pour ouvrir mon site au public. « De toutes les façons ajouta-t-il si vous ne le faites pas de votre plein gré, l'État vous obligera un jour ou l'autre à le faire ».

Désireux de redonner vie aux métiers anciens, ayant beaucoup d'idées dans ce sens, je trouvais la proposition intéressante, mais

L'intérieur de la quincaillerie, l'imprimerie et l'école.

L'enseigne du village.

Vue d'une place animée du village.

il me fallait compléter mon village avec d'autres boutiques, d'autres corps de métiers du temps jadis. Il me fallait aussi une ribambelle d'autorisations, des permis de construire, de visites techniques pour la sécurité du lieu etc. « Nous allons nous occuper de cela » m'assura le maire, qui me donna l'autorisation verbale et celle du préfet par la même occasion de continuer à aménager mon village, mais en me conseillant fermement cependant de déposer désormais des permis de construire, et de mettre en route les demandes de régularisation des constructions en place.

J'assurai ce jour-là le premier magistrat de ma commune que je me faisais fort de pouvoir réaliser les nouvelles constructions, de trouver, aidé de mon expérience, la force et les moyens de poursuivre mon œuvre.

Pourquoi j'ai appelé mon village Saint-Joseph ?

Saint-Joseph, charron et charpentier avait un fils adoptif, il s'appelait Jésus. Celui-ci avait appris les deux métiers du façonnage du bois à ce fils qu'il aimait beaucoup.

Moi-même fils de Joseph le charron charpentier de Frethun, j'ai appris dès mon plus jeune âge ces métiers en compagnie de mon père. C'est ce point commun entre Jésus et moi Daniel Baclez, l'amour du bois et de sa transformation enseigné par un père prénommé Joseph, qui m'a poussé à appeler mon œuvre sortit des marais « Village Saint-Joseph ».

Ce village je l'ai écrit a commencé par l'élévation d'une chapelle, à la suite d'un appel du ciel, puis s'est poursuivi par la construction d'ateliers mettant à l'honneur tous les métiers d'antan. Je ne pouvais faire autrement sans offenser notre seigneur, que de donner à mon village celui de Saint-Joseph !

Le village Saint-Joseph ouvre ses portes au public

Bien sûr j'étais heureux qu'en haut lieu on s'intéresse à mon modeste village dans le Marais de Guines, mais ce dont j'étais le plus fier c'était de pouvoir montrer aux jeunes d'aujourd'hui, le savoir-faire et l'ingéniosité des anciens en matière de façonnage du bois.

J'étais fier de mettre à la portée de tous ce que ma foi en Jésus-Christ m'avait permis de réaliser.

Ce n'était pas fini, je ne pouvais pas ouvrir un parc avec quatre ou cinq constructions et une chapelle, fussent-elles très belles. Il me fallait rendre ce village attractif, ajouter autour de la place, d'autres ateliers, d'autres boutiques, installer un lieu d'accueil où l'on pourrait se restaurer sommairement, une billetterie, des bureaux, des toilettes aux normes…

Je m'attelais donc à la tâche, avec entrain comme d'habitude, puisque j'avais l'accord du maire et du préfet et ma foi qui me portait. Je me lançais donc en commençant par passer des annonces dans les journaux pour trouver des vieux matériaux, briques anciennes en sable jaune, moellons, carrelages et dalles de sol en pierre bleue d'époque 1900, tuiles flamandes de récupération, façades anciennes de magasin.

J'eus aussi la chance de récupérer chez un de mes anciens fournisseurs et ami, un lot de bois de charpente important provenant de la démolition des usines dentellières de Calais. Ce lot de bois résineux de forte section sur des longueurs de plus de onze mètres, je l'avais repéré quatre ans auparavant, dans un hangar, chez un ami qui m'avait confié qu'il avait bien du mal à le vendre. Je lui avais dit en riant : « Ce bois, Jean-François, il n'y a qu'une personne en France capable de te l'acheter quand il en aura l'utilité, c'est Daniel Baclez ! ». Quatre ans plus tard j'achetais ce bois qui me facilita la tâche dans la réalisation et la mise en place de mes charpentes et mes colombages à l'ancienne, puisque je disposais de matériaux authentiques.

Je construisis une vingtaine de jolis bâtiments regroupant dans tous les vieux métiers d'antan dans ce qui devenait un vrai village : une horlogerie, une menuiserie, une école, avec sa cour ses toilettes et son urinoir (comme avant), des ateliers de charronnage, de mécanique générale, de réparation de vélos et de vélomoteurs, l'échoppe du cordonnier, du sabotier, une épicerie, une des premières pompes à essence, un garage automobile. J'ajoutai dans les ruelles, quelques camionnettes et voitures construites entre les deux guerres et juste après la seconde, le musée de la machine agricole d'antan complétant les belles choses du passé à voir, pour se souvenir, ou simplement se rendre compte !

Le côté religieux du village n'avait pas été négligé, bien au contraire, puisque j'y avais ajouté un chemin de croix de 170 mètres de long, tracé dans une zone boisée. Chaque station était un véritable lieu de recueillement et de prière. Tout s'était merveilleusement passé, comme d'habitude j'avais été le maître d'œuvre, le bâtisseur, et huit mois après le début des travaux, les portes du village pouvaient être poussées par les premiers visiteurs !

Pendant ce temps, le maire avait fait en sorte que je puisse avoir les autorisations d'ouverture, et avait demandé le changement du plan d'occupation du sol (POS) afin de régulariser l'ensemble du village, qui en partie était construit en zone protégée. Tout devait être mis en place pour que je sois couvert par des attestations officielles de l'État par le biais du préfet qui était au courant du problème. Le maire de Guines avait effectivement fait le nécessaire, comme il l'avait promis, je pouvais ouvrir le village au public. Il était magnifique, comme dans mes rêves les plus fous...

Il me fallut aussi mettre en place une direction afin de structurer et gérer cette future entreprise. Mon fils Étienne venait de terminer son contrat avec les repreneurs de mon ancienne affaire de jouets « Bricolo ». Libre de tout engagement il prit donc en charge la partie administrative de l'entreprise. Il fut un précieux allié pour bien des tâches grâce à ses capacités en ébénisterie et en sculpture, mais également ses connaissances du commerce et du marketing, qu'il avait peaufiné chez les « Grands », à Taïwan et ailleurs dans le monde.

Les travaux de construction et la partie administrative achevés, nous avons déposé la marque de l'entreprise en l'occurrence son nom de baptême « Saint-Joseph Village » puis nous avons à grand renfort de publicité programmé l'inauguration du site en juillet 1995. Nous avons invité cent cinquante personnalités, les journalistes de la presse locale, régionale et nationale écrite, radiodiffusée et télévisée. En présence de Madame Demessine, secrétaire d'État au Tourisme alors, accompagnée par André Capet, député et président du Comité Régional du Tourisme Nord-Pas-de-Calais, d'Hervé Poher, conseiller général et maire de Guines, de Dominique Dupilet, député, et de tous les maires ou presque des communes environnantes, des chefs d'entreprises, des responsables d'Office de Tourisme de toute la région, etc. Le ruban tricolore qui barrait l'entrée du village fut ainsi coupé. Les personnalités présentes firent le tour du village les yeux écarquillés de surprise, étonnés par le tour de force que nous avions réalisé pour faire revivre les métiers anciens. Tour à tour ils prononcèrent leurs discours, nous félicitant mon fils, notre équipe et moi pour l'accomplissement d'un tel travail. Tous insistèrent sur l'audace de cette initiative privée, unique en France, témoignage d'un passé au service de l'avenir de notre région en plein développement touristique et économique.

Cette inauguration en grande pompe eut un retentissement national grâce aux photos et aux papiers parus dans la plupart des journaux et les reportages télévisés sur plusieurs chaînes. La publicité faite autour de l'ouverture de notre village fit que, très vite, il connut le succès ! Les visiteurs arrivaient de partout, en moins de trois mois nous avions atteint les 33 000 visiteurs. Avec un record le jour de la fête de la Vierge Marie, le 15 août de cette année-là, de 1 680 visiteurs ! Huit cents cierges furent brûlés dans la chapelle du village, devant la statue de la mère du Christ, celles de Sainte Thérèse et de Saint Joseph en une seule journée !

Je voyais toutes ces personnes sillonner le chemin de Croix, s'arrêter pour réfléchir, certains fermaient les yeux, peut-être avaient-ils une pensée pour un être cher… D'autres restaient longuement dans la grotte, avant d'aller se recueillir dans la chapelle.

Beaucoup souhaitaient me rencontrer, me parler, me poser des questions sur « mon œuvre » et sur ma foi. Certains me demandaient comment j'avais réussi à récupérer autant de vieux objets, autant de choses du temps passé. Beaucoup de visiteurs pensaient au début de l'ouverture que ce village était véritablement ancien. Un de ces villages, comme on en trouve encore de temps en temps, abandonné, en ruine, en Normandie, en Alsace ou dans le Tarn et Garonne. Ils pensaient que je l'avais relevé de ses ruines. Alors je leur racontais son histoire invraisemblable ! J'en profitais aussi pour leur parler de la foi qui m'avait guidé pratiquement toute ma vie et je leur interprétais à ma façon quelques psaumes de l'Évangile, histoire, si cela pouvait être utile, de les réconcilier avec Dieu...

Cela devint très difficile cependant avec le monde qui affluait de partout et qui voulait me voir. Certains dimanches, il m'arrivait de rester dans le village de 14 heures jusqu'à 20 heures sans interruption à raconter et raconter encore l'histoire. Bien sûr c'était plaisant de rencontrer ces gens qui eux aussi avaient l'histoire de leur jeunesse à me raconter. L'un avait pratiqué la maréchalerie, un autre avait été scieur en long, un autre encore avait conduit un attelage de chevaux boulonnais pour livrer de la bière, ou du charbon, puis un autre avait travaillé comme cordonnier, comme forgeron, ou comme moi avait connu les misères de la batteuse... Je prenais beaucoup de plaisir à écouter les uns et les autres et à leur raconter à mon tour mon histoire, cependant j'étais épuisé, et je rentrais chez moi éreinté, tout juste bon à aller me coucher. C'est pour cela que j'ai commencé à installer des panneaux explicatifs dans chaque atelier, comme dans l'espace religieux. Ce qui ne m'empêche pas de guider un groupe de temps à autre.

Les objets anciens du village trouvés par deux amis ferrailleurs

J'ai réussi à obtenir ces objets, grâce à deux personnes Daniel et Jean-Pierre des ferrailleurs – brocanteurs assez extraordinaires, que j'ai rencontrés il y a huit ans au moins, lors d'une brocante dans un village proche du mien. C'était un dimanche après-midi, ils présentaient à la vente un étalage de vieilles choses qui m'intéressèrent, parce qu'elles étaient authentiques. À cette époque, je commençais à rassembler des vieux outils, des pièces anciennes de machines agricoles, et divers objets représentant la vie rurale d'autrefois.

Je leurs ai acheté un certain nombre de pièces, qu'ils sont venus me livrer le soir même. Amicalement je les ai accueillis chez moi, ils étaient accompagnés par leur vieille mère, et nous avons rapidement sympathisé. Ces deux garçons vident des greniers, débarrassent des caves sur demandes! Bref, ils battent la campagne et débarrassent les fermiers des environs de vieilles pièces encombrantes et inutiles qu'ils revendent ensuite, essayant par ces moyens de vivre honnêtement du fruit de leur travail. Intéressés par mes projets, mon ambition et ma passion pour les vieux métiers, ils me promirent de m'appeler chaque fois qu'une pièce serait susceptible de me convenir. Cela ne tarda pas, ils tinrent leur parole, et il fut bien rare qu'une semaine se passe sans qu'ils me proposent quelques objets anciens, ou même une ou plusieurs pièces pouvant enrichir mes collections agricoles et rurales. J'avoue que 80 % du matériel exposé dans les divers ateliers provient des récoltes de ces deux garçons sur qui j'ai toujours pu compter. Je leur rends hommage et je les remercie, même si je les ai payés pour ce travail, de toujours avoir été, comme ils le sont encore aujourd'hui, d'une grande honnêteté en affaire, et de n'avoir qu'une parole. Bien sûr le métier de ferrailleur n'est pas très apprécié du public, c'est un boulot ingrat. Lorsque l'on débarrasse des locaux d'objets rouillés et poussiéreux on ne peut s'habiller correctement. Alors aux yeux de certains ces gens mal fagotés avec parfois les mains sales peuvent passer pour des ouvriers peu fréquentables. Moi je les estime beaucoup, j'aime lorsqu'ils viennent m'apporter du matériel, pouvoir les accueillir à ma table. Ce sont de véritables amis, avec qui j'ai plaisir à partager un petit-déjeuner ou un repas. Ils sont toujours les bienvenus chez moi.

LE VILLAGE SAINT-JOSEPH EN DANGER

Voilà, notre village connaissait le succès, les visiteurs arrivaient en nombre de partout en France, mais nous recevions aussi beaucoup d'étrangers, Anglais, Belges, Allemands, nous avions mon fils et moi de grandes satisfactions à voir le plaisir des visiteurs heureux de retrouver un village comme autrefois et ses vieux métiers, quand un courrier qui devait bouleverser notre vie un certain temps arriva !

Cette lettre nous informait qu'un de nos voisins résidant depuis quelques années seulement dans la commune, demeurant à environ deux kilomètres du Village Saint-Joseph avait porté plainte auprès du procureur de la république. Il estimait que les allers et venues des visiteurs, mais surtout le bruit engendré par la foule, la musique et bien d'autres choses encore étaient de véritables nuisances à sa tranquillité. Qui plus est, il dénonçait mes constructions, disant qu'elles avaient été réalisées sans autorisation administrative, sans permis de construire, etc. En désaccord pour des raisons politiques avec le maire de la commune, il avait trouvé à travers moi une façon de lui déclarer la guerre en quelque sorte.

Le Village Saint-Joseph était ouvert depuis trente-cinq mois, et le délai de prescription après lequel on ne pouvait plus mettre entrave à son fonctionnement était de trois ans, alors ce voisin avait fait le forcing pour me nuire. Il avait fait faire des photos aériennes du site, il avait monté un volumineux dossier sur mes constructions qu'il considérait comme étant totalement en zone protégée non constructive, il les plaçait au cœur du marais, les considérait comme des « paillotes » illicites, mais aussi il se plaignait des nuisances occasionnées par les autocars et les voitures en grand nombre. Ces véhicules apportaient, selon lui, toutes sortes de pollutions atmosphériques et sonores. Bref son dossier était si bien ficelé que le procureur donna suite et entama une procédure à mon encontre avec de nombreux chefs d'accusations et déclencha une enquête judiciaire...

Durant cette enquête je m'efforçais de démontrer ma bonne foi, et j'expliquais la façon dont avaient débuté les travaux, et surtout l'appel que j'avais reçu du Seigneur pour construire Sa maison, l'intérêt touristique et public de mes constructions, les demandes du préfet et du maire de ma commune, leurs promesses concernant la mise en route des démarches pour la régularisation du village, etc.

Rien n'y fit et je me finis par me retrouver assis au banc d'infamie au Tribunal de Grande Instance de Boulogne-sur-Mer. Le procureur de la République, tel Ponce Pilate, se lavait les mains de mes arguments et des confirmations, des autorisations verbales que j'avais reçues au plus haut niveau. À part une paire de menottes entravant mes poignets, j'avais tout du délinquant ordinaire, du voyou qui doit rendre des comptes à la justice, et payer ses méfaits ! Mon fils Étienne était convoqué lui aussi en tant que gérant du village, ainsi que Monsieur Poher maire de la ville de Guines conseiller général du canton.

Mon avocat et moi nous sommes bien expliqués sur tous les sujets évoqués, sur les différentes phases des implantations, sur la visite du maire, du sous-préfet, du préfet, sur les demandes que les représentants de l'État avaient formulées qui m'incitaient à ouvrir mon jardin en quelque sorte au public...

Je tentais d'expliquer ma foi en Jésus-Christ en la Vierge Marie, en Sainte-Thérèse, en Saint-Joseph et en tous les Saints... Je tentais d'expliquer aussi mes investissements spirituels et humanitaires, et malgré l'intervention remarquable de mon avocat, je fus mis plus bas que terre, passant aux yeux de mes juges pour un simple « businessman », un tricheur, un arriviste et j'en passe...

Le procureur ne s'attachait en fait qu'à essayer de prouver ma tricherie envers la loi, et mon appât du gain en ouvrant un parc illégalement. Je l'écoutais avec frayeur débiter ses méchancetés, ses mensonges. Il s'acharnait tellement contre moi, pauvre pécheur, qu'à un moment je l'ai pensé possédé par le démon. Alors j'ai serré plus fort la croix du Christ que je tenais dans ma pauvre main droite atrophiée par le travail, et mon chapelet dans ma main gauche, elle aussi bien abîmée.

Les mots terribles qu'il employait à mon égard m'horrifiaient, il disait que la chapelle était l'arbre qui cachait la forêt, que j'étais un faux mystique, même un faux croyant ! Le regardant sans haine, plutôt avec compassion pour son âme sèche, je me demandais comment il pouvait être aussi méchant envers moi, qui aime tant mon prochain. Il me parlait avec hargne, comme si j'avais égorgé sa famille entière, et me regardait fixement, avec de la méchanceté plein les yeux.

À un certain moment, j'ai douté de moi, je me suis interrogé : peut-être avait-il raison, peut-être que sans me rendre compte j'étais le mauvais homme qu'il dépeignait ? Puis me ressaisissant, je me suis dit en mon fort intérieur : « cause toujours, suppôt de Satan, Dieu va me venir en aide, je ne l'ai jamais trahi, il ne me laissera pas condamner. Il ne laissera pas toucher à mon village il sauvera la maison que j'ai élevée pour honorer et glorifier Son nom ! ». La Cour après avoir écouté les uns et les autres décida de délibérer et de rendre son jugement 15 jours plus tard.

Le Village Saint-Joseph doit être rasé

Je me rendis donc seul au Tribunal de Grande Instance de Boulogne-sur-Mer au jour et à la date prévue pour écouter le verdict. Je fus appelé le premier à la barre, pour m'entendre dire, après l'énoncé de tous les articles du code pénal enfreints : « Le Village Saint-Joseph doit être rasé en totalité exceptée la chapelle ». Je n'ai pas pu me retenir, je me suis effondré, vidé de tous mes espoirs, et je me suis mis à sangloter comme un enfant. Je suis sorti de la salle d'audience en larmes, titubant, au bord de la défaillance. De nombreux journalistes attendaient cette sortie pour recueillir mes impressions. Je ne pouvais plus parler, j'étais désemparé, le ciel m'était tombé sur la tête. Pourquoi le Seigneur m'abandonnait-il cette fois ? Non, il ne m'abandonnait pas, puisque le président du Tribunal avait dit « Tout sauf la chapelle » ! Et j'ai pensé : « Ces lâches, ces rapaces ont eu peur de la vengeance de Dieu… ». Alors je me suis levé, j'ai regardé les journalistes et j'ai parlé, je leur ai dit : « Ils ont eu peur et n'ont pas souhaité la destruction de la chapelle, mais que vont devenir les petits lieux de recueillement devant les statues de la Vierge Marie, de Sainte Thérèse de Saint-Joseph. Que va devenir mon chemin de Croix ? » Il devenait le mien !

Il ne me restait plus qu'une chance, aller devant la Cour d'Appel de Douai. Immédiatement après que la presse écrite, parlée et télévisée se soit emparée du sujet et diffusé des dizaines de reportages annonçant la démolition du Village Saint-Joseph, j'ai reçu des milliers de témoignages écrits et des appels téléphoniques de partout en France et de l'étranger.

La poste a même dû envoyer une fourgonnette spéciale pour livrer les sacs de lettres et de cartes postales qui arrivaient en mairie de Guines pour soutenir ma cause.

Madame Demessine, secrétaire d'État au Tourisme, avait envoyé elle-même un courrier, tout comme Monsieur le Préfet, en demandant à la justice de ne pas toucher au Village Saint-Joseph.

De nombreux représentants d'associations importantes, 1200, 1 500 adhérents, m'ont fait savoir qu'ils étaient prêts à faire signer des pétitions et même à affréter des autocars pour venir manifester leur soutien au Village. Cela me réconfortait dans mon malheur, et je priais le Seigneur de m'apporter son aide ; j'ai repris contact avec mon avocat et nous avons rassemblé les éléments du dossier auquel nous avons simplement rajouté quelques pièces.

Deux mois plus tard, le jour fatidique arriva. J'ai été appelé à la barre par la présidente de la Cour d'Appel, qui a lu calmement le jugement rendu par le Tribunal de Grande Instance la sentence : « Destruction totale du Village exceptée la Chapelle », ce qui la fit sourire et dire à voix basse aux membres de la cour proches d'elle : « Ils ont certainement eu peur de la vengeance de

Dieu ». Le léger sourire du procureur, de l'avocate générale et des autres membres de la cour me rassura. J'avoue que l'étonnement de la présidente à propos de l'exception faite sur la démolition de la chapelle me remplit d'espoir, et je pensai : « mon Village est sauvé ! » ; puis elle continua en énumérant les fautes qui m'étaient reprochées et la condamnation financière qui m'était infligée par le tribunal de Grande Instance de Boulogne-sur-Mer.

Les membres de la cour se passèrent les pièces du dossier que mon avocat avait bien préparé, en faisant un résumé de ma carrière, du décès de mon père en passant par l'atelier, l'usine, la fabrication de jouets, l'association avec mon ami Bernard Hinault, la création de l'atelier de charronnage et de charpente, pour terminer par le village Saint-Joseph, avec de nombreuses photos à l'appui. Des photos qu'ils regardèrent longuement. Ils restèrent surpris par ce qu'ils avaient sous les yeux, certains s'attardèrent longuement sur celles de la chapelle.

La cour eut aussi connaissance de ma foi en Jésus-Christ, de mes actions de charité envers les plus pauvres, de mon action militante au sein de l'association Saint-Vincent de Paul, de mon combat pour Handicap International et mon militantisme dans l'Association « Pour une Terre Plus Humaine », association qui profite des dons des visiteurs par le biais des recettes des cierges brûlés dans les endroits religieux du Village, 230 000 F au jour du procès. Avec cet argent l'association creuse des puits partout où l'eau manque dans le Monde.

Une fois cette énumération terminée, la présidente me demanda d'expliquer simplement mon affaire devant le Tribunal, ce que je fis… Durant une demi-heure, je pus m'expliquer sur les tenants et les aboutissants de mon entreprise, l'appel du Seigneur que j'avais reçu et le goût du bien, faisant fi d'un enrichissement personnel, dont je n'avais ni envie, ni besoin matériel ! Mon message, fondé sur le sens du partage et sur mon envie de faire connaître le passé pour proposer un meilleur avenir aux jeunes générations, fut bien compris, comme fut compris le désir du maire conseiller général et celui de Monsieur le préfet dont le but était de développer le tourisme dans une région située à deux pas du Tunnel Sous la Manche…

J'étais dévoré par un feu intérieur, j'avais envie de crier mon choix, mes idées, ma foi, et de défendre aussi ceux qui, emballés par mes projets, avaient eu envie de m'épauler ! Je me permis aussi de faire poliment remarquer à la présidente que le village avait été réalisé avec mon argent, pas avec l'argent des contribuables, ni par le biais d'une collectivité ou par celui d'une institution quelconque.

Je pus m'expliquer ainsi pendant plus d'une demi-heure, en faisant noter à la cour au passage l'inauguration en grandes pompes du Village Saint-Joseph, avec la présence de toutes les autorités locales régionales et même nationales. Tous étaient attentifs, à mes paroles, tous m'écoutaient. J'avais l'impression qu'ils se faisaient, eux, une idée personnelle sur mon cas avant de prendre une décision. Je n'avais pas l'impression d'avoir affaire aux mêmes personnes que lors du premier jugement au Tribunal de Grande Instance de Boulogne Sur Mer. Ils m'écoutaient, sans me couper, sans intervenir, sans chercher à me déstabiliser… Ils m'écoutaient dans le calme et la sérénité, c'est tout. La salle était comble, plus de 150 personnes assistaient à l'audience. Il y avait un silence impressionnant quand mon avocat prit la parole, pour dire simplement : « je n'ai plus rien à ajouter pour défendre mon client il vous a parlé avec son cœur, avec sa foi. Vous l'avez entendu vous raconter simplement sa vie ». Il a ajouté : « Je ne suis pas croyant, mais j'ai entendu mon client prêcher l'Évangile dans sa chapelle, et je reste émerveillé par les paroles de paix, d'espoir et de salut qu'a prononcé cet homme. À une époque ou la délinquance fait des ravages dans notre société, il serait grave, voire dangereux pour celle-ci de condamner un tel homme… ».

C'est le procureur qui ensuite prit la parole, il n'y avait aucune méchanceté dans son regard, ni même dans ses propos. Il relata l'histoire du Village Saint-Joseph et les lacunes que contenait ce dossier équivoque et complexe, en matière administrative et légale. Sans négliger mes fautes, il en conclut qu'il était difficile de condamner un homme guidé par sa foi, surtout si celleci était sincère et véritable ! Il ajouta cependant qu'au regard de la loi il convenait de me, punir tout au moins par une amende. Après quelques palabres entre les membres de la Cour, Madame la présidente se tourna vers moi et gentiment me demanda : « Avez-vous quelque chose à ajouter Monsieur Baclez ? – Oui s'il vous plaît Madame la présidente accordez-moi une faveur. Au point où nous en sommes, puisque le Tribunal de Grande Instance a épargné ma chapelle, je vous supplie de sauver mon village, mais surtout le secteur religieux, et le chemin de Croix. En compensation vous pouvez me donner de la prison ferme… Je vous en conjure Madame la Présidente, je reconnais avoir violé la loi, sans le vouloir, par ignorance, mais par amour, simplement par passion. Mettez-moi en prison, je vous en supplie, mais sauvez ce village qui retrace le passé et qui est apprécié par beaucoup de monde en France. Votre papa peut-être a exercé un métier ancien et serait heureux de retrouver la trace authentique de celui-ci dans le Village Saint-Joseph. Je préfère la prison que de voir détruire mon œuvre ».

Tout cela c'était passé dans un silence que l'on pourrait qualifier de sentencieux... Madame la Présidente a regardé les membres de la Cour un à un. Ils étaient tous très émus. L'avocate Générale essuya même discrètement quelques larmes. Toujours dans un silence impressionnant, un large sourire éclairant son visage que je n'oublierais jamais, la présidente s'est exprimée: « Allez, Monsieur Baclez, votre village est sauvé, et vous n'irez pas en prison pour autant ».

Moi j'ai pensé simplement: « merci Madame la Présidente, et merci mon Dieu... ».

Le père Valéry Thomas

À l'heure où j'écris mes mémoires, j'apprends le décès du père Valéry Thomas, il était âgé de quatre-vingt-sept ans.

Je connaissais ce prêtre depuis six ans, il était en effet pensionnaire à la maison de retraite d'Hardinghen, petit village situé non loin de mon domicile. En dépit de sa condition physique quelque peu déclinante, le père Thomas avait proposé ses services au doyen de Guînes pour dire la messe dans les paroisses environnantes. Chaque samedi et presque tous les dimanches, le père Thomas se rendait donc dans les églises de campagne dont aucun prêtre n'avait plus la charge, il perpétuait ainsi les offices et le culte du Seigneur.

Au début, il se véhiculait seul au moyen de sa voiture, une Renault 5, mais à un certain moment, au vu de ses difficultés et de son âge avancé, le doyen requis le dévouement d'un paroissien pour accompagner le prêtre dans chacun de ses déplacements.

Ainsi quand il devait venir dans ma paroisse, celle du Marais de Guînes, je proposais de l'assister.

Très vite lui et moi avons sympathisé. Le père Thomas venait en moyenne une fois par mois dans ma paroisse, et un dimanche, je lui ai tout naturellement proposé de partager notre table. Il accepta volontiers et c'est de cette manière que débuta notre longue amitié.

Le père Thomas avait eu la vocation sur le tard, il était entré au séminaire à l'âge de 18 ans. Auparavant il travaillait aux labeurs de la ferme ou bien encore dans l'atelier de son père, lequel était forgeron. Étant moi-même fils de charron, je partageais avec le père ma grande passion pour ce vieux métier qu'il appréciait d'ailleurs à sa juste valeur. De plus, puisque j'étais également un homme de foi, j'entretenais avec lui des discussions d'ordre spirituel et il s'est établi dès lors entre nous un dialogue extraordinaire et une entente exceptionnelle.

Je dois reconnaître avoir eu beaucoup de plaisir à l'écouter parler car le père Thomas, disposait d'une quantité de savoirs et de nombreuses connaissances, il possédait un diplôme d'ingénieur et avait professé pendant près de cinquante années dans diverses écoles d'agriculture. Le père Thomas était un prêtre salésien, il enseignait la semaine et en même temps, avait la responsabilité de plusieurs paroisses. Il était aussi proche et respectueux de la nature. J'avais en quelque sorte trouvé une personne en phase avec mes convictions et respectant mes idéaux. Aujourd'hui encore, je pense que Dieu avait organisé notre rencontre.

À partir de ce moment, nous nous sommes fréquentés assidûment et il était rare que ne passe une semaine sans que l'un ne prenne des nouvelles de l'autre, le père Thomas venait au moins déjeuner deux fois dans le mois à la maison, il a même fêté son dernier Noël avec notre famille. Pour mon épouse et ma fille, Catherine il était devenu un être cher. Ma femme lui préparait de bons petits plats et il faut dire que le père Thomas avait un excellent appétit. Manger était un de ses grands plaisirs. Ainsi ma fille lui apportait toujours son fromage et son dessert, attention particulière que le père Thomas n'oubliait jamais de remercier. Souvent après le repas, il demandait à faire un somme, Catherine l'installait alors dans un fauteuil auprès de la cheminée, lui délaçait ses chaussures et avec affection lui prêtait un tabouret pour qu'il puisse à sa guise étendre ses jambes. Elle le recouvrait ensuite d'une couverture, le père Thomas était très sensible à ses marques de gentillesse. Il dormait durant une heure et à son réveil nous prenions toujours une tasse de tilleul, poursuivant nos discussions de toutes sortes, puis vers 17 heures je le raccompagnais, lui offrant un panier de friandises pour passer la semaine.

Le père Thomas.

Le père Thomas avait encore de la famille mais ses parents étaient tous très âgés, il était le neuvième d'une fratrie de dix enfants et était très lié avec chacun, il n'avait guère cessé de leur écrire ou de leur téléphoner. Deux de ses sœurs étaient religieuses.

Il aimait le contact et les voyages, il se rendait fréquemment à Baïlleul, lieu où professaient de ses amis, des frères salésiens. À chacun de ses départs, j'allais le mettre au train. De même quand il devait se déplacer pour des retraites ou autre, je me proposais de le conduire et ainsi pendant près de trois ans je lui ai rendu ce service, et je le faisais avec une certaine joie. Je lui disais souvent avec humour que j'étais son chauffeur personnel. Il me répondait alors qu'il avait beaucoup de chance de m'avoir à ses côtés et me remerciait pour mon aide. Je lui expliquais alors que j'avais un plaisir immense à lui être agréable et combien j'étais heureux de l'avoir rencontré. Je comparais notre relation à celle que tout homme pourrait mener avec Jésus.

Le père Thomas était pour moi un second père et j'avais une confiance sans limite en lui. Je dois dire que j'ai beaucoup appris à son contact. Humainement, je me suis énormément inspiré de sa personnalité, tant elle était calme et pleine de sagesse. Ainsi lorsque nous discutions ensemble, je me souviens de son sens de l'écoute, il attendait toujours que j'achève mon propos pour alors me répondre. Je crois avoir compris ce qu'étaient le bonheur et la paix grâce à lui, car il est vrai que j'avais à cette époque une existence des plus mouvementées. Le monde des affaires est en effet synonyme de soucis et de tourments.

De plus, je suis persuadé que cet homme a été mon initiateur sur le chemin de Dieu. Le père Thomas m'avait fait comprendre que l'amour, le partage, le respect de l'autre ou le pardon était des vertus à cultiver et qu'elles seules pouvaient me permettre d'accéder au royaume du Seigneur. Ne jamais promettre quand on ne peut assumer sa parole, tel était le genre de message que le père Thomas aimait à répéter. Je ne pourrai jamais oublier le lien qui nous unissait, je suis toujours proche de lui et chaque jour, il revient dans mes prières. Je sens sa présence à mes côtés, il m'aide encore dès que surgissent les ennuis. Aussi quel est mon chagrin de ne plus pouvoir me confier et dialoguer avec lui comme autrefois. Avec le temps, le père Thomas était devenu un réel confident et il n'ignorait rien de mes projets, il admirait mon sens de l'initiative et fut le premier à connaître mon idée de créer un village des saveurs où seraient mis en valeur les produits naturels. Pareillement il me félicitait pour les efforts que je multipliais à la mise en œuvre de concepts à vocation humanitaire, comme le financement de puits en Inde par exemple. Nous avions l'un pour l'autre une réelle admiration.

Le destin met parfois sur votre route des personnes essentielles et déterminantes dans le déroulement de votre vie. J'ai eu la chance d'être accompagné dans la mienne par des hommes d'exception, l'abbé Robert Ducatel d'abord, dont je parle dans un autre chapitre, et le père Thomas ensuite, à qui je tenais donc à rendre le plus sincère des hommages pour tout ce que notre amitié a pu m'apporter à l'époque et à présent encore, en dépit de son décès, chacun de ses conseils me guide dans les choix que je peux avoir à formuler. À la mort du père Thomas, j'ai rencontré l'abbé Philippe Minart, lequel officie à la paroisse Saint-Pierre de Calais. Il est lui aussi devenu un grand ami, succédant ainsi à ceux qui jusqu'alors m'avaient inspiré. C'est pourquoi je suis persuadé que le Seigneur veille sur moi et qu'il met sur mon chemin des êtres susceptibles de m'apporter la sérénité et de me permettre d'épancher mon cœur et mon esprit. Je remercie sincèrement le Seigneur pour toutes les grâces qu'il m'accorde.

Tout jeune déjà, je prenais la défense des plus pauvres

Il y avait dans mon village plusieurs familles très pauvres. Une d'entre elle l'était plus que les autres. Dans cette famille, trois enfants sur six ou sept avaient survécu malgré la misère et les maladies, la mort infantile était le lot des miséreux. La précarité, l'insalubrité et le manque d'hygiène côtoyaient la faim quotidiennement, si bien que beaucoup d'enfants arrivés à l'âge de dix ans n'avaient pas encore goûté à un morceau de chocolat, à une pâtisserie ou à une orange !

Ces enfants-là vivaient auprès de parents exclus de la société, qui ne connaissaient ni indemnité de chômage, ni sécurité sociale, qui plus est, ils étaient rejetés eux-mêmes par les personnes des classes supérieures qui les considéraient comme des esclaves, leurs véritables souffre-douleur... Ces pauvres gens ne pouvaient compter sur rien ni sur personne.

On ne peut imaginer aujourd'hui comment étaient vêtus ces enfants, avec leurs vieux habits rapiécés, raccommodés, qui avaient certainement été portés avant eux par plusieurs générations de voisins plus aisés.

Je me souviens encore comme si cela s'était déroulé hier, avoir vu se présenter à l'école les petits d'une famille de quinze enfants (5-6 ans) en barboteuse dont on avait renforcé les boutons à l'entrejambe avec une épingle anglaise...

Imaginez les remarques des instituteurs et institutrices, et les lazzis, les quolibets des enfants des classes aisées (commerçants, artisans, cultivateurs) qui prenaient un plaisir immense à rigoler de ces pauvres enfants. Cela me révoltait, je souffrais pour eux, je n'acceptais pas les conditions de vie et les humiliations que subissaient ces enfants.

Et puis en 1947, juste après la guerre il s'est passé dans mon village un fait qui m'a révolté plus encore, à savoir l'arrestation d'un homme et de son fils pour vol. Cela s'est passé dans une grande ferme où ils étaient employés. Poussés par la faim qui tenaillait leur famille de 15 personnes, ils avaient subtilisé un sac de blé et quelques poules pour nourrir la maisonnée.

S'apercevant du larcin, le fermier alerta immédiatement les gendarmes qui eurent vite fait de trouver les voleurs. Les malheureux furent arrêtés et condamnés à plusieurs mois de prison.

Cela aussi me révolta fortement, car le fermier qui connaissait la situation désespérée de cette famille aurait pu arranger l'affaire, tout au moins en n'exploitant pas leur misère. Lui qui mangeait chaque jour à sa faim, qui allait tous les dimanches à la messe, et qui lisait les évangiles n'avait rien compris à la charité chrétienne. Je pense souvent que le Seigneur ne devait pas trouver son compte auprès de ces gens qui se croyaient chrétiens et qui envoyaient en prison des malheureux pour un sac de grain et quelques poules !

Je me souviens encore de mes réflexions, de mes pensées à cette époque. Je me souviens d'avoir fortement prié le Seigneur en lui posant des tas de questions sur les différences qu'il y avait entre les pauvres et les riches. En réfléchissant cependant je me disais que cela devait être ainsi. Puisque l'homme dispose de la liberté, il sera jugé suivant ses actes de haine ou d'amour envers ses sœurs et ses frères. Je crois que j'avais déjà compris malgré mon petit âge, la parole de Dieu.

À l'âge de 15-16 ans, je n'ai plus le souvenir exact de notre situation familiale, mais j'ai encore en mémoire le désespoir de mon père face à la mort rapide de son métier due à l'industrialisation galopante, et à la fatalité, mais surtout de ses angoisses face à une pressante et onéreuse reconversion ?

Il lui fallait apprendre un autre métier, investir dans des machines nouvelles, trouver des fonds et nous étions dans la misère. C'est à cette époque que je connus les affres de la batteuse pour faire bouillir la marmite…

Comme je l'ai déjà dit, j'avais promis au Seigneur dans mes prières que s'il me faisait riche un jour, j'aurais redonné le plus possible aux pauvres. Que s'il m'aidait, je me serais occupé des vrais pauvres, des vrais malheureux, des plus humbles, de ceux qui n'ont pas de puissance. Autrement dit des petits, des sans grade, de ceux qui subissent les événements.

Si pour certains il est facile de promettre quand ils n'ont rien, moi je tiens mes promesses. Le Seigneur a répondu à mon appel, il m'a fait riche, alors j'aide le plus possible les autres. Au fil de la lecture de mon ouvrage, vous comprendrez pourquoi je donne en retour, toujours dans les sens des vases communicants

Mais je reviens à cette famille malheureuse habitant mon village dont les trois enfants étaient les véritables souffre-douleur des grandes filles et des garçons de l'école, comme du catéchisme qui prenaient beaucoup de plaisir à les martyriser.

Je n'en pouvais plus de supporter ces méchancetés, je souffrais de cette tyrannie ambiante, de ce que je considérais comme une injustice. Cela me pesait tellement qu'un jour excédé je frappais violemment une des tortionnaires d'une gamine.

Je ne vous raconte pas les punitions qui me furent infligées par mon instituteur, et les récriminations des parents de la fille blessée. (À l'école du reste comme au catéchisme, les enfants de riches avaient toujours raison. Ils occupaient les premières places qu'ils soient bons ou pas dans n'importe laquelle des matières!)

À partir de ce jour, je pris cette gamine sous ma protection, et souvent je la ramenais chez elle assise en amazone sur le cadre de mon vélo. Je ne comprenais pas la haine, envers cette fille et ses frères et sœurs, comme je ne comprenais pas pourquoi existait cette injustice riches/pauvres, cet état de faits était-il la volonté du Seigneur?

André mon meilleur ami

Dans mon village natal, il y avait une famille proche de la mienne, dont le troisième fils André avait le même âge que moi. Nous sommes donc allés dans la même école communale, avons fréquenté le catéchisme fait notre première communion, comme notre communion solennelle ensemble. Plus tard nous avons fait comme on dit chez nous les bals du samedi soir, et les fêtes de villages, jusqu'à nos mariages respectifs.

Nous sommes toujours restés amis, son épouse et la mienne s'entendent à ravir, comme si elles étaient sœurs! Une situation qui nous a permis de nous rencontrer le plus souvent possible. Nous sommes si proches que leur fils nous appelle "Ma tante et mon oncle" mes enfants font de même avec Nicole et André.

Le peu de fois ou nous sommes partis en vacances c'est ensemble, et ils ont assisté toujours, et nous réciproquement à toutes les cérémonies qui se déroulent traditionnellement en famille: Baptêmes, communions, mariages etc.

Durant de longues années, nous avons fait les braderies, les brocantes locales, nous avons aussi pratiqué le ball-trap, et avons chassé ensemble.

Nous nous recevons souvent, et il est bien rare que nous soyons restés une semaine sans nous rencontrer durant nos cinquante années d'amitié, excepté pendant son service militaire, c'est-à-dire durant les 27 mois qu'il a passés à Toulon dans la marine Nationale.

Moi bien sûr avec ma pauvre main mutilée de trois doigts, j'ai échappé à cette obligation. Un autre terrible accident m'a aussi rapproché de mon ami André, il m'a porté secours, le jour ou la paume de main gauche a été emportée par les lames d'une dégauchisseuse.

Affolé, je m'étais rendu chez lui ce lundi matin-là les moignons de doigts de ma main droite serrant comme ils pouvaient mon poignet gauche pour arrêter le sang. Je me souviens encore j'ai frappé avec mon pied dans le bas de la porte d'entrée de sa maison. Pensant que je plaisantais, il tardait à m'ouvrir. Il criait en riant : Entre, arrête de faire l'imbécile ! Il changea pourtant de ton, et surtout de couleur, quand il se rendit compte de la gravité de ma blessure. Immédiatement il attrapa une serviette éponge et m'enveloppa fortement la main avant de me conduire à la clinique la plus proche. André ne me laissa pas tomber, et me conduisit souvent dans cet établissement où l'on me soigna parfaitement, où un chirurgien me fit de nombreuses greffes afin que je retrouve l'usage de cette main. André a toujours été présent à mes côtés. Il ne m'a jamais abandonné... André est toujours mon meilleur ami !

ISIDORE MON GARDE CHASSE

Isidore, mon garde chasse, est encore un homme qui a beaucoup compté dans ma vie et je tiens à lui consacrer ce passage.

Notre rencontre remonte aux années 70, à cette époque je cherchais un marais pour chasser le gibier d'eau. J'aimais la chasse avec passion, mais n'ayant jusqu'alors jamais eu les moyens financiers de m'offrir des terres pour pratiquer ce loisir, je m'en étais privé avec une certaine amertume.

Daniel Baclez et son meilleur ami André.

Isidore mon garde chasse.

Enfant déjà, j'avais l'instinct du chasseur et je me souviens que, muni de ma petite carabine, souvent je m'embusquais dans le jardin de mes parents ou dans celui de mon voisin, pour tirer quelques oiseaux tels que grives, merles et même les moineaux… J'avais construit une hutte minuscule et je passais des heures dans cet endroit à attendre le passage de ses pauvres petites bêtes… Je mettais des appâts et je patientais. Il arrivait, pendant l'hiver et par grand froid, que je parvienne à ramener plus d'une vingtaine de pièces. Ma mère alors s'attelait à l'ouvrage, écorchant chaque oiseau pour en faire une sorte de ragoût, un rata comme on dit par chez nous. Nous étions six à la maison et toute la famille, ces jours-là, pouvait profitait de ma chasse. Aujourd'hui je considère ce genre de pratique quelque peu ridicule et même dérisoire, mais il y a plus de cinquante ans, ce type de chasse était d'usage et nombre de personnes, venant notamment du milieu ouvrier, en étaient férues. Je m'y suis moi-même adonné jusqu'à l'âge de 28 ans. Puis j'ai commencé à être invité par des fermiers à qui j'avais rendu quelques services, ils m'offraient des cartes pour aller chasser sur leur terre une dizaine de fois par an. Je n'étais pourtant pas entièrement satisfait, et étant plus à l'aise pécuniairement, je me mettais en quête d'un terrain pour y creuser un marais et y construire ma propre hutte. C'est un rêve que je nourrissais depuis de longues années. J'ai trouvé assez vite un lieu idéal, situé tout auprès de chez moi. À 30 ans, je possédais donc un terrain de plus d'un hectare, un étang de six mille mètres carrés et une vaste hutte… J'étais désormais indépendant et n'avais ainsi plus besoin d'attendre l'invitation d'un ami pour assouvir pleinement ma passion.

Pendant trois ans, j'ai donc chassé sur mon marais et je dois dire qu'en diverses périodes de l'hiver je réalisais de très beaux tableaux. Bien sûr, il ne s'agissait plus de merles ou de grives mais plutôt de canards et d'oies…

Un jour cependant, Marius m'a fait état de l'existence d'un marais d'une cinquantaine d'hectares qui était à vendre. Marius était un des mes ouvriers, je le connaissais depuis très longtemps, il était de quinze ans mon aîné et entretenait avec mon père et moi une réelle amitié. D'ailleurs Marius venait souvent à la chasse sur mes terres. Il était un peu mon homme de confiance, il a travaillé pour moi vingt-cinq ans durant.

Ce marais en question se situait dans le village natal de Marius, c'était l'un des plus beaux de la région de Guînes et le gibier, d'après lui y abondait. Marius habitait non loin, il était aussi chasseur et de ce fait, je pouvais me fier à son avis. Ce marais se trouvait à dix kilomètres de chez moi. Je suis donc allé le visiter; boisé et doté d'un sentier privé, l'endroit était parfait, une sorte de paradis pour le chasseur. J'ai revendu mon petit domaine, emprunté quelque peu et utilisé une partie de mes économies et je pus ainsi m'offrir cette superbe propriété dont j'avais tant rêvé étant enfant.

Quand je suis devenu acquéreur de cet ensemble terrien, j'ai appris qu'un garde chasse en avait la charge et que cette dernière s'exerçait et se transmettait de père en fils. L'ancienne propriétaire m'avait recommandé cette personne, la jugeant honnête et pleine de correction, elle m'avait d'ailleurs vivement conseillé de conserver ce garde, m'accordant une baisse conséquente sur la vente pour terminer de me convaincre, ajoutant qu'elle me laissait le marais à cette condition car parmi les visiteurs, j'avais été le seul, d'après son garde, à paraître vouloir le conserver.

C'est une chose, je l'avoue, que je n'avais nullement prévu mais je fus touché à la vue de cet homme si malheureux de perdre une fonction vieille de plus de cinquante ans dans sa famille, j'eus presque pitié. Alors j'ai accepté cette clause, conservant à mon service le garde chasse du marais, un homme dénommé Isidore Lecoustre.

Je ressentais une certaine gène et ne voulais en aucun cas me comporter comme un de ces gros propriétaires, prétentieux et désagréables, aussi je ne me vantais pas de mon acquisition et traitait le garde chasse avec beaucoup de respect, l'appelant toujours par son nom sans aucune familiarité. Je ne profitais donc pas de mon statut d'employeur.

Je n'avais changé ni ses habitudes ni son organisation de travail et je commençais à profiter de mes terres et de ma chasse. Un jour cependant, alors que nous aménagions le confort de la hutte, Isidore se mit à pleurer...

C'est une chose dont nous n'avions jamais eu l'occasion de parler mais lui et sa femme avait connu un drame, un épouvantable événement avait en effet plongé leur famille dans la douleur. Deux années avant que je n'achète le marais, leur fille Brigitte alors âgée de 18 ans, avait été sauvagement assassinée par un jeune détraqué d'un village voisin. On peut s'imaginer quel devait être le calvaire de ses pauvres gens.

J'avais entendu parler de cette histoire mais je n'avais pas fait le rapprochement et je n'imaginais pas qu'une telle tragédie ait pu toucher cette famille si brave. Leurs yeux se remplissaient de larmes chaque fois qu'ils abordaient ce sujet pénible à leur cœur. Je compris alors toute l'insistance de l'ancienne propriétaire pour que je ne renvoie pas, Monsieur Lecoustre le garde de la propriété lors de l'achat du marais. Isidore était très attaché à son travail, il entretenait cette propriété avec amour et cela aurait sans doute été un véritable déchirement que de devoir cesser ses activités professionnelles après l'horrible incident qui avait plongé sa maison dans le deuil.

J'étais moi-même très peiné du malheur qui touchait ces personnes, ils me racontaient cette histoire assez fréquemment et des pleurs toujours accompagnaient leur récit. La blessure était énorme et rien ne pourrait leur faire oublier la mort de leur fille.

Aussi chaque jour allaient-ils au cimetière. De plus le traumatisme psychologique était profond car tous deux ne pouvaient plus supporter l'obscurité, ils dormaient ainsi avec une veilleuse.

Les Lecoustre me faisaient souvent part de leurs angoisses et je crois que cela leur permettait à la manière d'un exutoire de se soulager par le dialogue et les mots. J'avais beaucoup d'amitié pour ce couple et je faisais tout mon possible pour les aider à porter ce douloureux fardeau. Mon épouse et moi-même les avons beaucoup entourés, ils sont d'ailleurs devenus de véritables amis. Pendant plus de vingt ans Monsieur et Madame Lecoustre ont assisté à toutes nos fêtes de famille, qu'il s'agisse de Noël, de la communion ou du mariage de mes quatre enfants, des repas du personnel de mon usine ou du baptême de mes petits enfants... Fréquemment et même si je recevais chez moi d'autres connaissances, les Lecoustre venaient passer un moment à la maison, prendre un café ou faire une partie de cartes. Ils étaient d'ailleurs appréciés de tous mes amis, à tel point qu'à chacun de mes voyages en Bretagne où je me rends pour visiter Martine et Bernard Hinault, ces derniers n'oublient jamais de transmettre leur amitié aux Lecoustre.

À l'époque où j'ai connu Isidore et sa femme, ils avaient encore une fille, prénommée Christine, laquelle avait 12 ans, soit le même âge que ma propre fille Catherine.

Cette enfant vivait dans une ambiance étrange où le souvenir macabre de sa sœur assassinée tenait toujours une part importante. Son chagrin était aussi très grand. Monsieur Lecoustre m'a dit être resté couché pendant près de trois mois à la suite de ce terrible drame, il était anéanti et n'avait plus la force ni l'envie de réagir.

Christine vivait quelque peu recluse chez ses parents, eux-mêmes isolés du village, elle n'avait en ce sens pas beaucoup de contact avec les autres enfants. J'étais très affecté par la souffrance de cette malheureuse gamine, son comportement contrastait avec celui de ma fille qui elle était épanouie. Aussi nous faisions participer Christine à notre vie de famille, c'est pourquoi il arrivait qu'elle passe la nuit à la maison ou nous accompagne dans nos soirées et promenades du dimanche. Elle se sentait réellement bien avec nous. Je me souviens encore pour son premier bal, lui avoir fait confectionner par une couturière, la même robe mais dans un coloris différent que celle de ma fille. On aurait pu les prendre pour deux sœurs... Puis Christine a connu un jeune homme et s'est mariée, elle a eu deux enfants, ils ont aujourd'hui 18 et 15 ans et nous avons participé aux différentes étapes de leur vie, jamais nous n'avons été oubliés dans les moments importants.

Vingt-cinq ans ont passé et je suis resté très proche de Monsieur et Madame Lecoustre, il est rare que j'attende une semaine sans leur rendre visite. Je les embrasse mais ils m'appellent toujours « patron ». Cette amitié est demeurée formidable, ils ont presque 80 ans et pourtant leur peine est toujours présente.

À l'heure où je termine ce livre, Isidore Lecoustre vient de disparaître, et c'est pour moi un moment difficile de ma vie.

André Sauvage

Comme dans chaque village de France dans les années 1950 il y avait dans ma petite commune de Fréthun un forgeron. Il façonnait et réparait les socs de charrues, il martelait et soudait toutes les pièces métalliques nécessaires à la vie rurale de l'époque, il cerclait des roues de charrettes et de chariots, mais travaillait également le zinc et la fonte pour les particuliers. Il était aussi un peu l'homme de toutes les situations, aussi bien plombier que zingueur… Bien sûr il était aussi maréchal-ferrant, et posait habilement les fers, après les avoir forgé lui-même à l'enclume, sur les sabots des solides chevaux Boulonnais, Ardennais et autres Traits du Nord que comptaient en nombres les fermiers dans leurs écuries.

Georges Sauvage, ce « maître de forge », était un ami de mon père, ils avaient travaillé ensemble. Il habitait à deux pas de chez moi et j'étais attiré par le bruit rythmé des masses et des marteaux battant l'acier, auquel il donnait forme, comme j'étais attiré par l'odeur de la tempe et de la corne brûlée lorsqu'il ferrait un cheval, voire même lorsqu'il parait les sabots d'une paire de bœufs…

Je me rendais souvent à la forge, et le père Sauvage me demandait quelques menus services, comme celui d'aller lui chercher un paquet de tabac. Avec mon petit vélo cette course était un vrai plaisir. Pour me remercier, il me laissait une petite pièce. En conséquence, je pouvais compter sur lui quand il fallait rafistoler cette mauvaise bicyclette d'une brasure ou deux… Comme je l'ai déjà raconté dans un paragraphe dédié à ma passion du vélo, c'est Georges Sauvage qui m'avait façonné mon premier guidon de course : lui aussi me surnommait Robic ! Je crois qu'il m'aimait bien et qu'il comprenait ma passion immodérée pour la petite reine…

J'aimais bien ce forgeron qui travaillait avec la force tranquille des hommes qui dorment bien, parce que le labeur quotidien et l'honnêteté avec laquelle ils traitent les affaires leur donnent une conscience propre… Une conscience qui leur permet de se reposer comme on dit chez nous, sur leurs deux oreilles ! Georges Sauvage était très estimé dans le village et dans les communes environnantes, il travaillait avec ses deux fils, André et René, chargés, eux, des chantiers extérieurs, comme la pose des gouttières, la réparation du matériel de traite ou l'installation de barrières chez les agriculteurs comme chez les particuliers.

Yvonne, l'épouse de Georges, aidait à la forge, elle y activait le soufflet et recevait avec une amabilité égale à celle de son époux les clients de la forge. On pouvait venir trouver la famille Sauvage à n'importe quelle heure du jour ou de la nuit. Chez eux on ne laissait tomber personne, et surtout pas pour la réparation d'une machine agricole en pleine saison de semis ou de récolte, certains fermiers abusaient de cette gentillesse.

Bien sûr j'avais sympathisé avec les deux fils qui étaient plus âgés que moi, mais qui m'estimaient beaucoup. J'étais plus copain avec André, le fils aîné, qui était très religieux. Bedos du curé du village, il se rendait à l'église chaque jour, et à la messe régulièrement, la famille Sauvage était très pieuse. L'église du village se trouvant à peine à cinquante mètres de la maison et de la forge, il était facile pour lui d'y aller prier Saint-Joseph après le repas du midi.

Cet homme à mes yeux était un véritable saint, je l'admirais, je trouvais sa foi et sa vocation religieuse formidable. Déjà à cette époque j'étais très croyant, je priais le Seigneur, à ma façon, avec beaucoup de simplicité, avec mes mots... Je lui demandais des choses invraisemblables, irréalisables à l'époque, mais qui ont vu le jour, je m'en rends compte aujourd'hui, lorsque je regarde cinquante années en arrière.

Jamais à l'époque de mes 14-15 ans j'aurais pu imaginer réaliser mes rêves, projeter ma réussite, et l'épanouissement de ma foi en Jésus-Christ notre Seigneur. Jamais je n'aurais imaginé que cette foi m'aurait conduite sur le chemin qui mène à la consécration de Diacre, ma plus grande envie actuelle. Un postulat pour lequel je prends des cours depuis de longues années. Cette Ascension vers Dieu et vers tous les Saints, je la dois en quelque sorte à André, qui un jour m'a demandé si je voulais l'accompagner à l'église. J'étais fier de cette proposition, comme si j'allais découvrir un secret, le secret de sa foi. Lorsque nous sommes entrés dans l'édifice, il s'est dirigé vers la statue de Saint-Joseph placée dans une haute niche de la chapelle. Nous nous sommes agenouillés devant cette statue, et André s'est adressé au saint à haute voix en lui parlant de moi, de ma croyance, et nous avons prié ensemble.

J'ai trouvé cela extraordinaire, j'avais dans ma chambre une petite statue de Saint-Joseph, patron des charpentiers, à qui je m'adressais souvent, mais durant deux années environ, je me suis rendu régulièrement dans cette église pour prier ce saint avec mon copain André. La famille Sauvage est chère elle aussi à mon cœur.

Du reste la forge de mon village Saint-Joseph est la réplique exacte de celle où travaillait Georges, Yvonne et leurs fils, reconstituée avec les mêmes matériaux, les mêmes outils qu'ils utilisaient. C'est leur nom qui figure sur l'enseigne de la forge, comme autrefois dans le petit Village de Frethun. Quant à André, aujourd'hui il est toujours aussi croyant, sa foi en Jésus-Christ, en Saint-Joseph et tous les Saints est intacte, et il continue de fréquenter assidûment sa chère église depuis soixante-dix ans.

Hommage à mon père

Ses malheurs judiciaires furent pour moi durs à supporter

Ainsi que je le raconte dans divers passages de cet ouvrage, cela a commencé par les difficultés rencontrées par mon pauvre père qui a du faire face à une grosse facture impayée par un client anglais. Ruinée, ma famille a vu vendre ses meubles et son matériel sur le trottoir. Mon père qui était très courageux et très sobre (il ne buvait que du café très allongé de chicorée) était aussi d'une honnêteté scrupuleuse. Bien qu'il ait connu d'énormes difficultés dans ses affaires il a fermé les yeux sans devoir le moindre sou à ses fournisseurs ni à ses banquiers ni même à l'État…

Mon père avait obtenu du Tribunal de Commerce ce que l'on appelait jadis un concordat afin de pouvoir poursuivre son activité en remboursant ses créanciers. Malgré une grande faiblesse physique générale il travaillait dur. N'oublions pas que les charrons comme les charpentiers réalisaient tous leurs travaux ou presque à la main. Il leur fallait manipuler les gros plateaux de bois vert, les tailler, les raboter, les mortaiser et cela 12 à 14 heures chaque jour.

Mon père travailla comme un forcené pour s'en sortir et élever ses quatre enfants, mais le règlement judiciaire de sa modeste entreprise le poursuivait. Il ne pouvait obtenir de marchandises à crédit (le temps de fabriquer et se faire payer par ses clients) les fournisseurs ne lui faisant aucune confiance. Je me souviens encore de mon pauvre père qui n'avait comme moyen de locomotion que son vélo quand il partait un vieux cageot à pommes de terre fixé sur son porte-bagages pour aller acheter sa quincaillerie à Boulogne sur Mer, la ville la plus proche distante cependant de 12 km de notre village. Il avait beaucoup de mal à franchir sous le vent fort et les averses les nombreuses côtes à forts pourcentages qui jalonnaient son parcours.

Nous bien sûr ses proches, nous connaissions les malheurs qui avaient frappé notre père, et les habitants de notre petit village d'Audinghen aussi, mais les autres ?

À Fréthun où nous avions déménagé juste avant le bombardement d'Audinghen ce fut terrible. Ma mère était pourtant native de ce lieu, et mon père d'un village voisin. Mon père avait été réquisitionné par le maire afin de remettre en marche l'atelier du charron. Tout le monde connaissait et appréciait son savoir-faire et son courage, mais il y avait cette affaire de liquidation judiciaire de nos biens. Si aujourd'hui déposer son bilan est une forme moderne de gestion, à cette époque c'était une honte de ne pas réussir à faire ses affaires... Cet échec dont il n'était pourtant pas responsable le poursuivait.

Pour nous les enfants les humiliations pleuvaient sans cesse dans le village, et à l'école, nos camarades de classes nous appelaient les « faïllitars ». Les instituteurs ne nous aimaient pas non plus, nous n'étions pas des exemples de réussite! De ce mépris j'ai terriblement souffert, mais plus encore pour mon père qui ne méritait pas cela, déjà l'injustice me faisait mal...

La campagne de ces années là était peuplée par des gens qui avaient peu fréquentés l'école, plus de 70 % des habitants ne savaient ni lire ni écrire, la plupart n'était pas allée à l'école.

Il n'y avait aucun moyen de locomotion ni de communication, pas de journaux, pas de poste de radio les gens vivaient en vase clos, ce qui fait que les femmes passaient beaucoup de temps à bavarder sur le dos des uns et des autres en buvant du café. On les appelait « Les Claps » beaucoup d'entre elles avaient des surnoms comme « Ti Journal – La Vache qui rit – l'Aventurière – Radar – etc. » les Claps racontaient tout et n'importe quoi, il y en avait des bonnes et des méchantes le moindre fait communal prenait une ampleur extraordinaire. On disait d'elles « qu'elles auraient fait battre un régiment de soldats ».

Mon frère et mes deux sœurs ont souffert pareillement de cette méchanceté envers les problèmes de mon pauvre père à travers nous. Le fait qu'il soit artisan n'arrangeait pas les affaires non plus car certains pensaient que malgré tout nous étions riches sans vouloir le montrer.

Ces problèmes judiciaires commerciaux de mon père nous ont suivis longtemps, tant auprès des fournisseurs que des banquiers. Ainsi chaque fois que nous faisions un dossier de prêt ou demandions une facilité de caisse même 10 ans après le décès de mon père (qui ne leur devait pas un centime), on nous remettait cette affaire sur le tapis. Heureusement cette étiquette s'est envolée quand, plus tard, nous avons mon frère et moi racheté l'entreprise paternelle en rente-viagère et changé l'identité de notre société (*Les banquiers ont surtout commencé à accompagner notre entreprise quand nous avons gagné de l'argent!)*

Par son métier de charron mon père travaillait beaucoup pour les cultivateurs, il y avait parmi eux de drôles de gens qui pensaient que lorsqu'un artisan ou un commerçant achetait un vélo ou une petite automobile c'était avec l'argent qu'il leur avait volé en demandant bien trop cher pour son travail ou sa marchandise.

J'avoue que j'ai toujours du mal à parler de ces gens-là en bien, notamment des gros fermiers, dont certains prenaient leurs employés pour des esclaves, les nourrissant avec du lard gras rance provenant d'un saloir particulier destiné exclusivement au personnel, des pommes de terre à cochons et de la bière infecte qu'ils produisaient eux-mêmes dans des conditions d'hygiène plus que douteuse. La plupart des petits agriculteurs par contre étaient bien plus agréables et proches de la classe ouvrière. Le souvenir de la batteuse reste pour moi l'horreur de ma vie, c'est certainement durant ces campagnes épuisantes que j'ai découvert la méchanceté humaine.

Un Village des Saveurs du XVIIe siècle

Depuis l'ouverture du village Saint-Joseph, à force de regarder autant de monde évoluer ébahi devant des vieilles choses, et apprécier la beauté de l'art ancien, une idée m'a trotté dans la tête, celle de construire un autre village ancien, mais où les produits du terroir seraient rois !

Un village comme ceux qui peuplaient la France au XVIIè siècle, avec sa forge, son église, sa halle commerçante, sa ferme, et en haut, sur une dunette, un moulin dont tourneraient les ailes au grès du vent pour moudre le grain en farine. Froment, son, et autres céréales broyés par la meule, descendraient « de la colline, sur le dos d'un baudet » pour être pétris là-bas, plus loin, par le maître boulanger du lieu...

Ce village ne serait pas le dernier nid d'irréductibles pourfendeurs de Romains, de Vikings ou de Saxons, ni le repaire d'un José Bové nordiste, ce serait mon village « Le Village des Saveurs ». Là, les produits du terroir seraient mis en valeur, la brique jaune, la tuile flamande, les poutres en vieux chêne leur serviraient simplement de cadre, mais quel cadre !

Les producteurs qui travailleraient avec le village des saveurs devraient respecter un cahier des charges rigoureux, en contrepartie d'une garantie par contrat de qualité pour les produits achetés par les clients, à des prix fixés laissant des marges bénéficiaires leur permettant de vivre de leur travail. Un suivi rigoureux du respect des normes serait pratiqué en permanence par un organisme certificateur extérieur, comme pour la surveillance des produits français possédant un label.

Le village serait composé d'une boulangerie-pâtisserie équipée d'un four pour cuire les pains au feu de bois, elle disposerait d'une salle de dégustation. Un mécanisme de moulin entraîné par une roue à aube fonctionnerait dans cette salle et servirait de moteur central écologique spectaculaire pour actionner différentes machines.

Une auberge, réalisée dans les mêmes matériaux, disposerait d'un intérieur rustique avec un étage en mezzanine. Le tout serait aménagé autour d'une grosse cheminée en pierre, qu'animerait un soufflet de forge. Tables, bancs, vaisselle, cruchons, écuelles seraient réalisés en terre cuite à l'ancienne. Le personnel de service serait vêtu comme celui des tavernes d'antan.

Les plats que l'on y servirait seraient élaborés avec des produits traditionnels et les recettes toutes inspirées par la cuisine du Nord et de la Flandre. On pourrait y déguster une bonne soupe de légumes, une potée au chou, des vraies tomates de pleine terre, des œufs ramassés sous la poule, de belles tranches de lard de cochons élevés au grain, de la viande de bœuf régional (bleu-blanc ou flamand) du vrai rôti de poulain boulonnais, des poulets, pintades, canards, oies, pigeons, élevés avec des céréales, en plein air, en parcours herbeux !

Une boutique proposerait des légumes et des fruits de saisons cultivés sans engrais, sans traitement chimique, dans le respect du lieu habituel de production, des saisons, du cycle de la nature (ensoleillement, lunaison, variation de température, conditions météorologiques) sans forçage en serre, des produits alimentaires naturels fruits, légumes, beurre, fromage, viande, poisson, sirops et alcools de fruits, vins naturels, et conserves de qualité, confitures, miels toutes fleurs, etc.

À gauche de la photo, mon père Joseph lors de la livraison de la roulotte à René Heldebaume.

Copie 1/2 d'une roulotte foraine d'époque 1930.

Concept réalisé entièrement par Daniel Baclez.

Copie 1/4 d'un manège de chevaux de bois d'époque 1930.

Copie 1/2 d'un camion anglais d'époque 1910.

Les produits fermiers seraient offerts à la vente sous une vaste halle charretière (sorte de marché couvert) deux jours par semaine. Un autre magasin proposerait de nombreux produits de bouche naturels. Une brasserie serait également construite et la bière fabriquée sur place avec un espace dégustation et vente à emporter.

Une petite ferme représenterait la vie agricole et rurale du temps passé. Elle serait animée par quelques animaux : poules, dindes, pintades, canards, lapins, pigeons. Dans la pâture jouxtant la ferme on trouverait des chevaux, des moutons et des chèvres. Comme dans chaque village, on trouverait une église consacrée (à la Sainte Famille) avec son clocher, ses vitraux, ses boisselleries.

Afin que le village ait un aspect médiéval, il serait ceinturé d'un mur en moellons et en brique, recouvert d'une tuile flamande ancienne. L'entrée, gratuite, du « Village des Saveurs » se ferait par un passage sous un gros porche agrémenté d'un pont-levis. Ce moyen de pénétrer dans l'enceinte obligerait les visiteurs à laisser leurs véhicules sur des vastes parkings à l'extérieur.

Dans chaque boutique un système vidéo permettrait aux visiteurs de se rendre compte rapidement de la façon de travailler des producteurs et des éleveurs, ceux-ci bien sûr s'engageraient à laisser visiter leurs exploitations si certains clients le souhaitaient…

Avec la maladie de la vache folle, les poulets à la dioxine, la tremblante du mouton, les légumes poussés en forçage, hors sol, jolis d'aspect mais sans goût, le consommateur est à la recherche des saveurs, il veut désormais autre chose dans son assiette. Il souhaite retrouver l'authenticité et le parfum des mets d'autrefois...

Voilà le projet dont j'ai rêvé il y a quatre ans, mais j'ai attendu que le moment soit propice. Pendant ce temps, j'ai réalisé « Le Village des Saveurs » sur plan d'abord, puis en maquette, afin de le présenter à mes amis et à mes partenaires investisseurs, comme Bernard Hinault, l'ancien champion cycliste, Pierrot, le célèbre cuisinier de l'émission télévisée « goûtez-moi ça », la Chambre d'Agriculture du Pas de Calais, le Conseil Général du Pas de Calais, et des investisseurs (particuliers, banquiers et financiers). Un projet d'un coût estimé à dix millions de francs...

Ce village dont les travaux d'implantation vont démarrer prochainement, se trouvera sur la commune de Coquelles à deux pas de la Cité de l'Europe, sur un terrain dont je suis propriétaire depuis de nombreuses années. À cet endroit se trouvait jadis une petite ferme qui a été rasée après avoir été amputée de ses parcelles cultivables pour les besoins fonciers du Tunnel sous la Manche et de ses infrastructures commerciales. La Terre retrouvera sa vocation première, elle d'être au service du goût et du terroir...

Un mini concept forain dans un but humanitaire

Mais ce n'est pas mon seul projet, d'autres sont déjà en place. C'est mon père qui, là encore, m'inspire, notamment pour ce projet-ci: artisan exceptionnel, il était capable, je l'ai souligné à maintes reprises, de réaliser des pièces rares. Alors qu'il n'avait pas encore 25 ans, il avait construit une roulotte pour René Heldebaume, un forain de ses connaissances. Ce monsieur, un authentique gitan, avait fait réaliser sa maison roulante juste avant son mariage avec une jeune fille de son ethnie.

Propriétaire d'un manège de canotes-balançoires, il installait celles-ci sur les places des villages du Calaisis et du Boulonnais, ainsi il fit des années durant le bonheur des petits enfants avec ses canotes; Monsieur Heldebaume était resté très ami avec mon père et venait souvent chez nous.

Mon père disparu, il continua de passer souvent à la maison, notamment lorsqu'il installait son manège sur la place de Frethun pour la ducasse annuelle. Enfant, j'avais eu de l'admiration pour le matériel de cet homme, son camion anglais datant de 1910, ses canotes-balançoires et sa rutilante roulotte. Le temps passa, et je continuais à recevoir ce brave homme chez moi, j'étais ami avec lui, comme l'avait été mon père...

Un jour qu'il se trouvait à la maison, j'évoquais cette époque et son matériel. Il se proposa de m'offrir une photo sur laquelle figurait mon père à ses côtés, en compagnie de son épouse et de ses parents, devant sa roulotte!

Content du cadeau de cet homme, je me suis promis de reproduire un jour à l'échelle – le matériel de cette époque. Comme j'avais promis à Monsieur Henri Parent, le fondateur du Parc de Bagatelle, de reproduire le manège de chevaux de bois datant de 1850 qui trônait dans son espace de jeux... Ainsi, il y a trois ans, dès que j'ai disposé d'un peu de temps, je me suis attelé à cette tâche, avec une arrière-pensée, celle d'en faire profiter les tout petits enfants, mais aussi de récolter par le biais de l'utilisation de ce concept forain distrayant, des fonds pour l'association « Pour une Terre plus Humaine », dont je suis membre bienfaiteur.

Cette association collecte des fonds afin de creuser des puits dans le sud de l'Inde où l'eau manque ! Le petit manège de chevaux de bois, les canotes, le camion et la roulotte, sont installés sur une place du village Saint-Joseph. Démontables, ils pourront égailler une place de village lors de festivités, ou être présentés dans des foires et salons. J'ajoute que le camion roule grâce à un moteur de moto de 400 cm3 entièrement refait par mes soins.

Du reste la totalité du concept forain a été réalisée par moi-même, je tiens à fabriquer entièrement de mes mains les objets religieux et les bâtiments destinés à produire des recettes offertes à une ou plusieurs associations humanitaires…

À SOIXANTE-TROIS ANS, VOILÀ COMMENT J'OCCUPE MON TEMPS…

Quant à moi, je continue de vivre activement. Depuis ma plus tendre enfance, je me lève tôt. J'ai pris cette habitude et elle ne m'a pas quitté, parce que les jours sont trop courts pour tout ce que j'ai à faire…

Je me réveille chaque jour entre 5 et 6 heures du matin, je prépare mon café et pendant que ce dernier s'élabore en parfumant délicieusement la cuisine, je fais ma toilette. Après avoir pris une première tasse de pur arabica que j'aime tant, je m'installe dans la cuisine, devant la table sur laquelle j'ai préparé la veille quelques documents : ma Bible, mon psautier en version œcuménique, mes textes liturgiques, mes livres de prières, le livret du chemin de la Croix, et diverses petites choses personnelles, comme mon chapelet, la croix du Christ, et le livre « Prions en églises ».

Lors de la remise d'un chèque aux sœurs missionnaires de l'association "Pour une Terre plus humaine".

Un de nos puits qui fonctionne en Indes.

Le jour de la consécration de ma chapelle Sainte Marie-Thérèse Bernard par l'abbé Robert Ducatel, assisté par mon cousin Georges Quenez.

Ces documents et objets sacrés m'aident et me guident dans mes prières quotidiennes. Je commence donc par embrasser la croix et je me signe en décomposant fortement le mouvement : « Au nom du Père, créateur tout puissant de la terre et du ciel, et de toutes les merveilles qu'ils contiennent, qui a fait l'homme et le femme à son image, qui a envoyé son fils mourir sur la croix de bois pour racheter nos péchés, de l'Esprit Saint qu'il nous a donné. L'Esprit Saint qui sépare le corps de l'esprit, et je rajoute « J'y crois ». Dès lors je suis en condition pour m'adresser à Jésus.

Je prononce rarement le mot « Amen », qui ne veut rien dire pour moi, je lui préfère et de loin « J'y crois », une phrase simple, plus facile à dire, qui exprime bien mes sentiments chrétiens.

Alors j'entre en prière...

Je me laisse guider simplement par ma pensée et je m'adresse au Seigneur avec beaucoup de simplicité, en n'oubliant jamais de le remercier pour les grâces qu'il m'accorde, et je médite sur la vie et le bien être de mon prochain, sur la vie de mes proches et ceux que j'aime, sur ma propre existence. Je prie également Saint-Joseph, la Sainte Vierge Marie mère de Jésus puis, je confie mes petits secrets à Dieu et à la Sainte Famille. Je prie également beaucoup pour que règne la paix sur terre entre les hommes, et pour tous ceux, qui, où qu'ils se trouvent dans le monde, sont malheureux, pour toutes les victimes innocentes des puissants.

Je prie pour les prêtres, pour les religieuses et pour ceux qui luttent dans le but de soulager l'humanité de ses souffrances, pour tous les bénévoles de la terre.

Nous vivons dans un monde cruel, désaxé, déboussolé, un monde qui chaque jour un peu plus perd ses repères. Des repères que moi je ne veux pas perdre, des marques indispensables à la vie en société. Je demande au Seigneur de m'épargner des pensées malsaines, de la haine et de l'esprit de vengeance et de méchanceté qui pourraient me venir. Je le supplie de me protéger et de m'accorder sa miséricorde.

Je ne souhaite pas me servir du Seigneur pour réclamer justice, pour régler des problèmes personnels. Je veux m'avancer vers lui pour respecter, aimer, pardonner, partager, répandre ses paroles de paix et de sérénité… Je ne veux en aucun cas utiliser les commandements du Seigneur pour en tirer un quelconque avantage. Je me dis chaque jour qui passe que je ne dois pas avoir honte de mes idées, parce qu'elles font partie de la force du bien… Jésus du reste nous le rappelle dans un passage de la Bible : « Si vous avez honte de moi, moi j'aurais honte de vous ! »

Je prie aussi pour les âmes du purgatoire, pour mes amis, mes ennemis disparus, afin que Dieu, dans sa grande bonté, leur accorde le repos éternel. Le Saint Curé d'Ars à dit un jour : « Si l'on savait combien grande est la puissance des Saintes âmes du Purgatoire, et combien de grâces nous pouvons obtenir de Dieu par leur entremise, elles ne seraient pas tant oubliées. Prions pour elles, afin qu'elles prient beaucoup pour nous. »

Saint Augustin a dit lui aussi : « Je prie pour les défunts afin que lorsqu'ils seront arrivés à la gloire éternelle, ils prient pour moi ».

Puis, je lis mes évangiles du jour, et j'effectue la lecture des psaumes dans le livre saint *"Prions en l'Église"*.

Je considère que cette heure, parfois beaucoup plus, passée chaque jour en tête-à-tête avec le Seigneur est un rendez-vous qui mérite une certaine exactitude, comme quand j'étais homme d'affaire. Il ne fallait jamais manquer l'heure d'un rendez-vous, car cela donnait une mauvaise impression de mon entreprise à mes interlocuteurs… Avec Dieu c'est pareil je me dois d'être exact pour la prière, même si parfois cela peut paraître difficile d'assumer sa foi en permanence. Pour ma part il m'est facile de me lever tôt pour honorer le Seigneur. Pour rien au monde je ne manquerais ce rendez-vous matinal avec Lui…

Voilà, la prière est passée, il est presque 8 heures, et ma journée commence. Après avoir porté du café à mon épouse qui s'éveille, j'entends mes ouvriers qui arrivent. Je les reçois dans ma cuisine, où un bon café les attend aussi. J'ai gardé ce principe de mon père qui, lorsqu'il était artisan, ne commençait jamais une journée sans prendre un café avec ses ouvriers. Ce moment fort sympathique et convivial est apprécié, il sert aussi à tenir serrés les liens amicaux qui existent entre eux et moi.

Une fois qu'ils sont partis vaquer à leurs occupations, je me rends sur un chantier, je rencontre des clients, ou je travaille sur le manège de chevaux de bois que je suis en train de réaliser, ou encore j'effectue quelques travaux dans le secteur religieux du village Saint-Joseph.

À ce jour j'effectue encore de 10 à 12 heures de travail par jour, du lundi au samedi inclus.

Chaque vendredi matin depuis 10 ans cependant, je me rends à la messe dite dans mon village, à l'intention des âmes du purgatoire.

J'aime me coucher tôt, déjeuner et dîner à heure fixe. Je suis très discipliné et exigeant avec moi-même. Je m'astreins à une hygiène de vie la plus saine possible. Les produits naturels sont à l'origine de mon alimentation, tant en viande et en volaille qu'en légumes, je recherche la qualité et effectue mes achats chez des petits producteurs connus depuis longtemps pour leur sérieux en la matière. Je fais une cure de gelée royale deux fois par an, une à la levée des feuilles, l'autre à leur tombée.

À longueur d'année, je prends quotidiennement une cuillère de pollen et de miel après déjeuner. Les pommes rustiques font partie des fruits que j'apprécie, comme j'aime déguster d'autres fruits de saison. Je suis friand de carottes râpées, de betteraves rouges non épluchées, de pissenlits et de racines de poireaux en salade. Je ne suis pas amateur de boissons alcoolisées, mais j'apprécie un verre de vin de Bordeaux rouge pour accompagner mon déjeuner. J'aime beaucoup les tisanes, et modérément le chocolat noir avant de m'endormir.

Un cadeau de Dieu

J'ai toujours trouvé formidable d'avoir un prêtre dans une famille, ainsi lorsque j'entendais quelqu'un dire : J'ai un frère, un cousin ou un oncle dans les ordres, je pensais que cette famille avait bien de la chance, qu'elle était bénie, quelle avait reçu ce cadeau, cette grâce de Dieu !

Je me disais aussi que je n'avais pas cette chance, car dans ma famille, personne ne semblait attiré par la prêtrise, même si la famille de mon père très pieuse, fréquentait assidûment l'église, effectuait neuvaines, et voyages à Lourdes pour y prier la Vierge Marie. Du côté de la famille de ma mère, on attachait peu d'importance aux choses de l'église…

C'est de la branche familiale paternelle que me viendra en son temps la fierté d'avoir un cousin prêtre En effet, l'une des sœurs de mon père tenait un magasin d'alimentation à Blériot -Plage, dans la banlieue de la ville de Calais, celle-ci avait cinq enfants qu'elle avait élevés dans la chrétienté. Son dernier fils Georges, que l'on surnommait "Ti' Georges" non parce qu'il était de petite taille, mais parce qu'il était le dernier de la famille, était très pieux et pratiquant. Georges depuis son plus jeune âge servait l'église, d'abord comme enfant de chœur, puis en aidant le prêtre de sa paroisse lors des cérémonies.

Georges comme presque tous les enfants de cette époque a quitté l'école à 14 ans. Il a commencé à travailler avec ses parents à l'épicerie, et assurait avec son père son frère aîné et une de ses sœurs les tournées de ravitaillements dans les villages des alentours.

Il y a à peine deux décennies, les habitants des campagnes n'avaient pas tous un moyen de locomotion, et les modestes boutiques locales ne disposaient pas de tous les ingrédients, ni de tous les ustensiles nécessaires à la bonne marche d'un ménage.

Les épiciers qui étaient aussi un peu quincailliers vendaient beaucoup d'ustensiles divers : marmites, casseroles couteaux, linge de table, bouteilles de gaz etc.

Plus tard, le commerce évoluant vers la grande distribution, Georges quitta l'entreprise familiale pour partir travailler dans une usine. Célibataire, il continua de servir fidèlement l'église son seul loisir, tout en cultivant le formidable esprit de famille qui régnait chez ma tante. À l'heure de la retraite sans rien dire à personne de sa vocation, Georges rentra au séminaire, et à 62 ans devint Diacre !

Un an plus tard, responsable d'une paroisse, conjointement à la poursuite de ses cours au séminaire, il fut ordonné prêtre.

Bien sûr j'ai assisté avec une grande joie à ses ordinations, comme j'ai assisté aux messes qu'il a célébrées dans la paroisse du Pont du Leu, où il a remplacé mon vieil ami l'abbé Robert Ducatel. J'ai prié et prie encore le seigneur pour le remercier de la grâce qu'il a faite à mon cousin, et à travers lui à ma famille !

Le désir de devenir diacre me taraude l'esprit...

Depuis mon arrivée dans la paroisse de « Marais de Guines » il y a sept ans, j'assiste aux offices qui se déroulent dans la petite église du lieu, Sainte Jeanne d'Arc, et je fais partie depuis six ans d'un groupe de formation, je participe assidûment aux cours bibliques et évangéliques.

Homme de foi, j'ai suivi les séances de préparation de la

pastorale et des funérailles, ensuite j'ai accompagné le prêtre de la paroisse lors de la célébration des messes d'enterrements.

Depuis un certain temps, trop pris par son sacerdoce dans d'autres communes, il me laisse m'occuper dans la paroisse du « Marais des Guines » des familles en deuil, faire l'accueil de l'assistance jusqu'à l'absout, puis accompagner le corps jusqu'à sa dernière demeure.

Je suis assisté dans cette charge par deux personnes dévouées de la paroisse, et je peux compter également sur les bénévoles de la chorale qui chantent les diverses circonstances de la messe. J'ai déjà procédé à quarante cérémonies d'enterrement.

Ensuite je rends visite aux familles en deuil, je m'efforce de réconforter les personnes dans la peine, je leur donne quelques conseils pour régler les problèmes qu'elles rencontrent avec certains organismes et je m'enquiers de leurs droits. Cette aide morale s'adresse surtout aux personnes âgées, veuves et veufs, ou à celles qui ont perdu un enfant. Ces personnes ont tellement besoin de soutien et de réconfort, je les réconforte tant que je peux. Alors souvent je leur rends visite le dimanche après la messe.

Me mettre au service des autres pour me rendre utile.

Je me sens à l'aise dans ce rôle, je me sens utile, je ressens en moi ce besoin de secourir mon prochain et je me languis de mettre un terme à ma carrière pour être plus disponible.

L'an prochain, lorsque j'en aurai terminé avec mon entreprise, je m'efforcerai d'apporter le plus d'aide possible aux gens avec l'aide du Seigneur. J'aiderai les malades, je leur porterai la communion, s'il le souhaite, et je suivrai la formation nécessaire pour préparer les parents au baptême, les jeunes au mariage; bref je voudrais aider le prêtre de la paroisse dans toutes ses missions, me mettre au service des autres. Voilà le but que je me suis fixé pour passer une retraite active qui servirait à quelque chose.

Si, plus tard, la volonté de Dieu me permet de devenir Diacre, comme je le souhaite, je demanderai la permission de m'occuper de l'aumônerie des prisons, afin d'apporter la parole de Dieu à ces gens, probablement bien perdus… N'oublions que nous sommes tous frères et sœurs devant le Père et que nous devons assistance à ceux qui sont dans le besoin, qu'il soit matériel ou spirituel! Appliquer, en somme, la parole de Jésus-Christ: « Aimez-vous les uns les autres comme je vous ai aimé ».

Responsable de l'équipe pastorale de proximité et de l'équipe locale d'animation, mon but est de développer les actions en créant par exemple un journal gratuit d'information, chose qui ne se fait pas encore dans notre paroisse et qui serait bien utile… Il permettrait à tous les habitants d'être informés des événements qui se déroulent dans le village, et leur apporterait aussi toutes les précisions possibles concernant la vie de la paroisse et les mouvements de l'Église. Ainsi les villageois seraient invités à s'investir davantage dans la vie de la paroisse, en l'absence cruciale de prêtre.

Actuellement je me sens fort, j'ai envie de mettre tout cela en place, j'ai envie que mon action soit un modèle pour certaines paroisses, où des hommes et des femmes ne savent pas toujours comment s'y prendre pour consacrer un peu de leur temps à Dieu et à leur prochain.

Ce projet, auquel j'aspire vivement, me taraude l'esprit. Je mettrai tout en œuvre pour réussir. Mais comme dans tout projet, il faut réfléchir, se donner des objectifs, se préparer, et se promettre de ne jamais baisser les bras. Je sais que la tâche est rude, mais je sais que le Seigneur m'aidera, qu'au fur et à mesure il me donnera les forces pour que j'y arrive !

Nota : Pour être consacré Diacre lorsque l'on est marié, il faut obtenir l'accord de ses enfants et de son épouse, mais il faut aussi obtenir l'assurance que l'épouse accompagnera le Diacre dans toutes ses actions religieuses.

J'ai obtenu l'accord de mes enfants et de mon épouse pour aller jusqu'au bout de ma vocation, par contre celle-ci n'accepte pas de m'accompagner dans mes actions religieuses, ce qui fait que sauf dérogation spéciale des hautes instances ecclésiastiques, je ne serais jamais diacre…

« Je mets mon espoir dans le Seigneur, je suis sûr de sa parole »…

Voilà terminé le livre du chemin de ma vie. Cette vie qui a été guidée par une foi forte et vraie, par l'envie de partage et d'amitié et le plaisir de rendre service aux autres. Si vous le souhaitez, selon votre foi et vos convictions religieuses, vous pouvez franchir la porte de mon jardin spirituel. Un jardin dans lequel vous trouverez l'expression de ma foi chrétienne…

Il suffit de pousser cette porte !

Il suffit de pousser cette porte !

La sainte grotte du village St Joseph.

DEUXIÈME PARTIE

LE CHEMIN DE CROIX POUR LES VIVANTS

I

Dieu a guidé ma vie

Ce recueil de mémoires terminé, j'ai eu envie de partager les points importants qui me servent de repères, les idées, la force, l'énergie et le réconfort que me procure le contact permanent que j'ai avec le Seigneur. Je souhaite exprimer aussi ce que je ressens, à la lecture des évangiles et des psaumes qui ont été et sont plus que jamais ma force pour affronter et surmonter les épreuves. Et je veux prouver que c'est la foi et l'aide de Jésus-Christ qui m'a permis une aussi belle réussite dans toutes mes entreprises. Il faut d'abord lire mes mémoires, pour comprendre l'homme que je suis, avec son présent et son passé, autant remplis de succès. Si je n'avais pas eu une telle foi, cette foi en Jésus-Christ, en Saint-Joseph, et en la Vierge Marie, jamais au grand jamais, je n'aurais pu réaliser et mettre en place tous mes rêves. Je n'ai pas pu construire autant de choses sans avoir été aidé spirituellement…

En feuilletant ce livret, vous pourrez lire une introduction simple, à ma façon, puis vous découvrirez mes paragraphes de lectures préférés, la plupart d'entre eux sont tirés des psaumes et de l'Évangile. À la fin de celui-ci, vous retrouverez le chemin de Croix que je reprends textuellement à chaque station avec ses illustrations tirées du livre qui m'a été offert par mon vieil ami, aujourd'hui disparu, l'abbé Thomas.

Aujourd'hui, à 64 ans, après toutes les expériences que j'ai vécues, toutes les étapes et toutes les épreuves passées : mon enfance, la guerre, mon échec scolaire parce que je n'aimais pas l'école, la maladie, le décès de mon père, les accidents, le passage de l'artisanat à l'entreprise industrielle, le sport, ma vie de famille avec mes quatre enfants, ma foi en Jésus-Christ, et cette envie de porter la parole de Dieu au travers des Évangiles, le désir d'aller plus loin pour me mettre au service des autres dans ma paroisse et au-delà…

Mon souhait de devenir diacre, seul Dieu peut décider de m'accorder cette grâce et ce bonheur !

Le cœur de l'homme et compliqué et malade ?
Un docteur pour son corps et un autre pour son esprit !

Quand on n'est pas bien dans sa tête, on fait appel à un médecin, ce dernier souvent ne sait pas quel remède vous donner. Un docteur en médecine, a appris à soigner les douleurs occasionnées par les maladies du corps, pas les maladies de l'esprit. Alors, il vous donne des médicaments pour soigner une pseudo-dépression nerveuse, des calmants, des somnifères et des tranquillisants.

Vous vous retrouvez à moitié inconscient, vaseux, trébuchant, marchant de guingois, rien ne va, on est plus malade encore que lorsque l'on ne se soignait pas… Bref il ne faut pas consulter un docteur pour le corps, mais bel et bien un docteur pour l'esprit !

L'esprit de l'homme est malade, il lui faut un docteur pour le soigner, alors il lui faut prier, lire les évangiles, méditer sur les psaumes, être attentif à la parole du Christ, et à partir de là, vous vous expliquez avec lui de vos malaises, de votre dépression de ce que vous ressentez.

Si vous avez la foi et si vous croyez en lui, le Seigneur ne vous assommera pas avec des comprimés et des potions, mais si vous ne lui demandez rien il ne viendra pas à votre secours. Il faut demander de l'aide au Seigneur et croire en sa parole et vous guérirez !

II

Le mal était en moi

Un jour, à force d'accumuler les responsabilités, je me suis retrouvé dans un état lamentable, je n'étais pas bien du tout. Je ne souffrais à aucun endroit de mon corps, mais cela n'allait pas bien dans ma tête… J'étais perturbé par des angoisses permanentes, j'avais des idées noires, morbides, comme je n'en avais jamais eues. Fatigué par cet état, également par mes insomnies, je me suis rendu au cabinet de mon médecin de famille. Il me posa de nombreuses questions, puis m'ausculta longuement et son diagnostic tomba: « Vous êtes en train de faire une grosse dépression nerveuse ». Puis il ajouta: « Je vous connais bien, alors je vais vous soigner en douceur, lentement à l'aide de médicaments homéopathiques… Je pourrais vous guérir très vite à l'aide d'antibiotiques, mais étant donné vos antécédents vous feriez des crises d'asthmes par la suite ».

Quelques jours plus tard, voyant que mon état ne s'améliorait pas, ma mère, bien que très âgée, me conseilla de m'ouvrir de mes tourments à un prêtre.

Je me confie à mon vieux prêtre.

Je pris donc rendez-vous avec un vieux curé de mes amis, l'abbé Robert Ducatel. Ce dernier, après avoir été prêtre de longues années dans l'agglomération calaisienne, avait pris une semi-retraite dans un petit village éloigné d'une centaine de kilomètres de la cité des Six Bourgeois, et bien sûr il y poursuivait sa mission apostolique. C'est ce prêtre qui m'avait aidé quelques années auparavant pour effectuer les démarches nécessaires à la consécration de ma chapelle et qui m'avait conseillé de l'appeler du nom de « Sainte-Marie Thérèse Bernard », c'est lui également qui l'avait bénie.

Je me rendis donc dans ce village au jour dit, afin de me confier à lui, en qui j'avais toute confiance…

Après m'avoir longuement écouté sur mes états de corps, d'âme et d'esprit, il a commencé par me faire un cours sur l'être humain, que le créateur a façonné en deux parties distinctes, le corps et l'esprit. Si le médecin sait localiser l'endroit d'un mal, soigner une plaie, remettre en place un membre afin qu'il se ressoude, prescrire un traitement pour chaque partie du corps, mais il est incapable de soigner l'esprit. Pour cela il faut un traitement autre, car ce qui se passe dans la tête d'une femme ou d'un homme n'est pas palpable, il faut surtout un autre médecin pour soigner ce mal : il faut consulter un docteur de l'esprit. Afin que je puisse parfaitement comprendre le cheminement de sa pensée, le vieux prêtre m'expliqua : « Quand le vent souffle en tempête, en tornade, bien qu'il soit capable de tout balayer sur son passage, on ressent ce vent, mais personne ne peut dire : j'ai vu un courant d'air ! Comme on ne peut voir le courant électrique même si on en ressent les décharges, les ondes existent, on ne peut les tenir entre ses mains ni le bruit, ni le chaud, ni le froid etc. ».

Qui peut dire : j'ai fait pousser une plante ? On peut dire : j'ai mis une plante en terre ; la faire pousser, c'est l'œuvre de la nature, l'œuvre du créateur...

C'est à ce moment que j'ai compris la différence entre le corps et l'esprit. J'ai alors demandé à ce docteur de l'esprit qu'était l'abbé Ducatel comment me soigner, et surtout me guérir ?

Le prêtre, doucement, avec de la tendresse dans la voix, m'expliqua que si Dieu veillait sur nos vies, le méchant, le diable n'était jamais bien loin : « Lorsque l'on est attaqué de cette façon, lorsque l'on est pris par des angoisses, quand on a des pensées malsaines, qu'on n'a plus envie de rien sauf d'en finir, c'est simple : on est possédé par le démon ! Vous êtes attaqué par le méchant actuellement. C'est lui qui veut votre perte, votre destruction, parce qu'il ne peut vous détruire que de cette façon ».

L'abbé Ducatel m'expliqua aussi qu'il y a deux sortes de méchants : « Le premier c'est celui qui vous en veut. Il met des obstacles sur vos parcours pour vous faire tomber vous casser un bras, une jambe... Quand il réussit, il est content, il s'est vengé ! Après il vous laisse en paix. Le second est plus vicieux et subtil, il est d'abord gentil et vous pensez que c'est un ami, qu'il vous veut du bien. C'est pourtant celui-là qui vous veut le plus de mal, mais aussi celui qui est le plus difficile a démasqué ! Il est plus dangereux que l'autre, parce qu'il agit en secret et vous ne pourrez jamais le reconnaître sans aide. Il agit sur votre comportement et constate les dégâts qu'il occasionne sur votre esprit et agit de plus belle pour vous détruire. C'est ce méchant-là qu'il faut combattre.

« La différence entre Dieu et le diable, l'un veut le bien et construire l'amour, l'autre le méchant veut le mal et détruire, il ne souhaite que la méchanceté et la haine !

« Comprenez-vous que quand vous vous faites prendre à partie par le méchant, le démon, il vous vient des angoisses, des mauvaises pensées de toutes sortes des envies d'en finir. Si vous êtes faible, et fragile il lui est très facile de vous attaquer, emporté que vous êtes dans une spirale dont vous ne pouvez plus sortir. Ce n'est pas un médecin du corps qui peut vous soigner contre cela. Il ne peut que vous abrutir avec des remèdes inadaptés à votre cas. C'est un médecin de l'esprit qu'il vous faut ! ».

Mon vieux prêtre avait compris ce qu'il m'arrivait, car il m'avait posé les questions nécessaires à la découverte de mon mal de l'esprit. J'étais possédé par le méchant, il essayait de me détruire, d'installer le mal en moi, le mal dans mon âme et dans mon esprit ! Il m'a donc expliqué tout cela puis m'a conseillé sur ce que je devais faire pour chasser le démon loin de moi.

« Le méchant rôde autour de vous, m'a-t-il affirmé, parce qu'il est jaloux de votre réussite, dans vos entreprises, du village Saint-Joseph, et surtout de la maison que vous avez élevée pour le Seigneur, votre œuvre la chapelle ! Il tente de déchaîner la haine et la jalousie sur vous ».

L'abbé Ducatel m'a dit ensuite beaucoup de choses me concernant, mais toujours dans le même sens celui du mal que le méchant me voulait : « Malheureusement vous n'avez pas beaucoup d'armes pour combattre le méchant car il n'est pas palpable, qui plus est, vous ne savez pas jusqu'où il peut aller... Face à lui, vous n'avez aucun interlocuteur que votre foi en Jésus-Christ notre Seigneur et moi qui puis vous aider à le chasser de votre esprit ! ».

L'abbé Ducatel m'avait entendu en confession, il avait compris mon malheur et il m'a invité à aller prier avec lui en fin d'après midi dans la cathédrale de Lillers la petite ville proche.

L'abbé Robert Ducatel.

III

Victoire sur le méchant

C'est dans la cathédrale de cette petite ville que tout a commencé... Nous n'étions pas seuls l'abbé Robert Ducatel et moi, j'avais amené un de ses anciens fidèles de la Paroisse Saint Germaine du Pont du Leu, en l'occurrence un mécanicien de mon ancienne entreprise de moulures, qui était lui aussi proche du prêtre.

Nous nous sommes donc dirigés vers l'endroit le plus sombre de la nef, face à un immense Christ en croix, et nous nous sommes agenouillés sur les chaises qui se trouvaient là. L'abbé a commencé alors à prier le Seigneur, en invoquant mes problèmes et les problèmes communs à nous trois, pauvres pêcheurs que nous étions et demeurerons jusqu'à la paix éternelle...

Il parla ensuite au Christ de la méchanceté qui me frappait et qui pouvait avoir un effet néfaste sur ma santé, sur ma raison et sur ma vie! Il parla de tout cela longuement avec le Seigneur...

Alors nous avons prié ensemble et avons récité quelques « Notre père » et de nombreux « Je vous salue Marie ». Ensuite nos avons fait silence pour méditer, puis j'ai reconduit le père Ducatel chez lui dans son village, je l'ai rendu en quelque sorte à ses paroissiens et je suis rentré chez moi, après avoir déposé mon ancien mécano devant sa maison vers 20 heures.

J'étais toujours dans le même état, même si le fait d'avoir rencontré ce prêtre m'avait réconforté. Après avoir dîné, je me mis au lit et trouvais rapidement le sommeil, contrairement au début de nuits précédentes. Soudain, il était exactement 2 h 22 du matin, je me réveille en sursaut. Je me redresse et d'un geste brutal du bras, je rejette violemment quelque chose qui sort de ma bouche, et je crache un gros jet de salive que je vois partir et s'écraser sur l'écran du poste de télévision en face du lit conjugal…

Tremblant, en nage de sueur, soufflant très fortement comme si on m'avait secoué fortement, j'ai pensé avoir fait un cauchemar, et je me suis rendormi jusqu'au matin. Au réveil je n'étais plus du tout le même homme. J'étais bien, reposé, serein. Me souvenant d'avoir craché sur l'écran du poste de télévision, je m'empressai de sortir mon mouchoir de ma poche afin de réparer cette indélicatesse. J'eus beau chercher, sur le poste et aux alentours, il n'y avait rien… Aucune trace de mon forfait nocturne… Pourtant je me souvenais de tout ! Le geste de rejet de mon bras, comme si j'avais voulu repousser quelque chose ou quelqu'un, et l'expulsion d'une matière liquide de ma bouche vers le poste de télévision… Comment expliquer cet événement sans occasionner rires et moqueries ? Alors je m'ouvris de cette histoire à quelques proches qui, soucieux de mon état de santé, m'avaient conseillé de consulter un prêtre.

J'avais fait confiance à un prêtre, et ce dernier m'avait écouté, expliqué, conseillé, puis m'avait conduit dans la cathédrale et il avait agi en conséquence du mal qui me faisait souffrir. La nuit qui avait suivi, j'avais connu ce phénomène de rejet, et puis j'étais redevenu moi-même. Tous ces faits s'étaient déroulés en quelques heures et pouvaient paraître extraordinaires, incroyables même, mais vrais! Le temps bien sûr a passé, mais je n'ai pas oublié cette aventure, et surtout pas mon vieil ami Robert Ducatel qui est décédé peu de temps après cette histoire. Je me suis déplacé de nombreuses fois pour lui rendre visite à l'hôpital où il avait été admis afin de soigner le cancer des os dont il souffrait, ou tout au moins pour alléger ses souffrances.

La dernière fois que je l'ai vu, il était dans un état catastrophique, ne recevait pas de visite ou presque, il n'avait pas mangé depuis deux jours au moins d'après les dires de son frère, lui-même prêtre, qui m'avait averti de la chose, ce que son voisin de chambre m'a confirmé. Ce jour-là, je lui avais apporté deux poires que j'ai épluchées et coupées en petits morceaux afin qu'il puisse mieux les manger. Il s'est régalé de ces fruits et je l'entends encore me dire: « Que c'est bon! ça glisse tout seul... ». Alors je lui ai lavé le visage et les mains et j'ai pris congé de ce pauvre homme qui souffrait terriblement. Le soir, une fois rentré chez moi, je me suis rendu dans ma chapelle et j'ai prié très fort la Sainte Vierge, je l'ai suppliée même de le prendre en son ciel rapidement, de ne pas le laisser souffrir plus longtemps, lui qui avait si souvent tenté d'apaiser les souffrances des autres, et j'ai souhaité que ce repas que je lui avais humblement offert soit le dernier...

Le lendemain, tôt le matin son frère m'a appelé au téléphone pour me dire: « Robert s'est éteint vers 2 heures du matin ». J'ai dit simplement: « merci Marie, Sainte Mère de Jésus notre Seigneur, d'avoir exaucé ma prière, et merci mon Dieu de l'avoir rapidement rappelé à toi dans le royaume des cieux pour l'éternité! ».

Quelle belle histoire pour moi et quelle grâce que d'avoir pu donner un dernier repas à ce prêtre que j'aimais beaucoup, quelle grâce d'avoir pu lui laver le visage et les mains avant qu'il ne se présente devant Dieu... Jamais, au grand jamais, je n'oublierai cet homme qui m'a donné l'explication de la séparation du corps et de l'esprit, et qui m'a sauvé de l'emprise du démon.

Chaque jour, je prie pour lui, il est présent à mes côtés pour m'aider, me supporter dans mes démarches dans mes épreuves, je suis en relation permanente avec lui par la prière. Chaque mois, je fais dire une messe à son intention comme j'en fait dire une à l'intention de mes parents. L'image de Robert Ducatel figure dans ma chapelle, je ne l'oublierai jamais!

Je suis malade dans ma tête et dans mon cœur.
Extrait de l'Évangile de Mathieu et Jacques.

Jésus appelle ses disciples. Il leur donne le pouvoir de chasser les esprits mauvais et de les guérir. Quelqu'un qui souffre doit prier. Quelqu'un qui est heureux doit chanter Dieu, Le prier dans la confiance.

La prière d'un juste est très puissante...

MA PASSION, MON RÉCONFORT, MA FORCE.

Mon profond désir c'est de transmettre en douceur et sans violence ce que j'ai reçu gratuitement, me dépenser avec courage au service de la parole et de l'Évangile.

Laisser derrière moi une descendance transmettre ce que j'ai reçu ou gagné, porter les fruits de mes récoltes!

L'Évangile vient d'une révélation de Jésus-Christ, c'est une énergie capable de restaurer une vie brisée, de remettre un homme debout, d'amener des ennemis à se réconcilier, de les amener au pardon, de redonner un sens à la vie. Voilà son contenu, si l'on sait lire les Évangiles. Comme il est bon de pouvoir méditer sur une lecture un peu chaque jour, et je le dis, c'est une énergie capable de vous remettre debout quand vous avez été abattu, désorienté, anéanti.

Jésus m'a assisté, il m'a donné des forces pour que je puisse aller jusqu'au bout que se soit pour la réalisation de sa maison ou pour porter l'Évangile devant les femmes et les hommes, pour faire entendre sa parole. C'est en lisant chaque jour cet Évangile, que je suis resté debout, fort, et que j'ai réussi à vaincre les épreuves. C'est en lisant et en méditant les Saintes Écritures, et les psaumes, que j'ai réussi à franchir les obstacles qui se dressaient un à un sur ma route.

Prière confiante dans la détresse

Lecture du livre d'Esther.

La Reine Esther, dans l'angoisse mortelle qui l'étreignait, chercha refuge auprès du Seigneur. Elle priait ainsi le Seigneur Dieu d'Israël : « Mon Seigneur notre Roi, c'est Toi le seul Dieu ;

viens me secourir, car je suis seule, je n'ai pas d'autre secours que toi et je vais risquer ma vie. Depuis ma naissance, j'ai entendu répéter dans la tribu de mes ancêtres que tu as choisi Israël de préférence à toutes les nations et nos pères de préférence, pour en faire à jamais un peuple qui t'appartienne, et que tu as fait pour eux tout ce que tu avais promis, Souviens-toi Seigneur ! Fais-toi connaître au moment de notre détresse ».

Efficacité de la prière

Évangile de Jésus Christ selon Saint Matthieu.

Comme les disciples s'étaient rassemblés autour de Jésus sur la montagne, il leur disait : « Demandez et vous obtiendrez, cherchez et vous trouverez, frappez et la porte vous sera ouverte. Celui qui demande reçoit, celui qui cherche trouve, et pour celui qui frappe, la porte s'ouvrira. Lequel d'entre vous donnerait une pierre à son fils qui lui demande du pain ? ou un serpent, quand il lui demande un poisson ? Si donc vous, qui êtes mauvais, vous savez donner de bonnes choses à vos enfants, combien plus votre Père qui est aux cieux donnera-t-il de bonnes choses à ceux qui lui demandent ! Donc tout ce que vous voudriez que les autres fassent pour vous, faites le pour eux vous aussi, voilà ce que dit toute l'Écriture : la Loi des Prophètes. »

Psaume : Tu m'écoutes, Seigneur, quand je crie vers toi.

De tout mon cœur Seigneur
Je te rends grâce :
Tu as entendu les paroles de ma bouche.

Je te chante en présence des anges, vers ton temple sacré je me prosterne.

Je rends grâce à ton nom pour ton amour et ta vérité,

Car tu élèves, au-dessus de tout ton nom et ta parole.

Le jour où tu répondis à mon appel, tu fis grandir en mon âme la force.

Ta droite me rend vainqueur. Le Seigneur fait tout pour moi !

Seigneur, éternel est ton amour : n'arrête pas l'œuvre de tes mains.

IV

Je suis rivé au Seigneur

Le suis rivé au Seigneur quoi qu'il arrive, je suis convaincu, au cœur de mes angoisses, que le Seigneur est présent à mes côtés. Il m'aime comme un père aime son enfant. J'ai échappé à toutes les pressions et à toutes les méchancetés, Il me fera encore échapper à toutes celles qui pourraient survenir, comme il me fera échapper à tout ce que l'on fera pour me nuire. C'est en méditant sur Ses ordres et en implorant Son inépuisable bonté que je peux compter sur Lui. Ma fierté c'est d'avoir le créateur et son fils Jésus comme support, et de leur faire confiance. J'ai compris aussi que Dieu se moque de mes prières et de mes liturgies si ma vie n'est pas l'écho de Sa volonté, et si le reste du temps, je fais le contraire de ce qu'Il me demande!

La transmission de l'Évangile, œuvre d'amour et de gratuité.

Lecture de la première lettre de Saint Paul Apôtre aux Thessaloniciens.

« Frères, vous le savez bien vous-mêmes, notre venue chez vous n'a pas été inutile. Nous venions de souffrir et d'être insultés à Pilippes, comme vous le savez ; nous avons cependant trouvé en notre Dieu l'assurance qu'il fallait pour vous annoncer, au prix de grandes luttes, l'Évangile de Dieu. Et quand nous vous exhortions, nous n'étions pas au service de doctrines fausses, nous n'avions pas de motifs impurs, nous n'agissons pas par ruse. En effet pour nous confier l'Évangile, Dieu nous a mis à l'épreuve ; de même, aujourd'hui il continue de mettre notre cœur à l'épreuve, si bien que nous parlons pour plaire non pas aux hommes mais à Dieu.

Jamais, vous le savez nous, n'avons eu un mot de flatterie, jamais de motif intéressé, Dieu en est témoin, jamais nous n'avons recherché les honneurs, ni auprès de vous, ni auprès des autres hommes, alors que nous aurions pu nous imposer en qualité d'Apôtres du Christ. Au contraire, avec vous nous avons été plein de douceur, comme une mère qui entoure de soins ses nourrissons. Ayant pour vous une telle affection, nous voudrions vous donner non seulement l'Évangile de Dieu, mais tout ce que nous sommes car vous nous êtes devenus très chers… »

Aller vers le Seigneur, parmi les chants d'allégresse.

Acclamez le Seigneur, terre entière, servez le Seigneur dans l'allégresse, venez à Lui avec des chants de joie !

Reconnaissez que le Seigneur est Dieu : Il nous a fait, et nous sommes à Lui, nous, Son peuple, Son troupeau.

Venez dans sa maison Lui rendre grâce, dans Sa demeure chanter Ses louanges, rendez-Lui grâce et bénissez Son nom.

Oui, le Seigneur est bon, éternel est Son amour, Sa fidélité demeure d'âge en âge.

La parabole du semeur et son explication, Évangile de Jésus Christ selon Saint Luc.

Comme une grande foule se rassemblait, et que de toutes les villes on venait vers Jésus, il dit en parabole : « Le semeur est sorti pour semer la semence. Comme il semait, du grain est tombé au bord du chemin, les passants l'on piétiné, et les oiseaux du ciel on tout mangé. Du grain est tombé aussi dans les pierres, il a poussé, et il a séché parce qu'il n'avait pas d'humidité. Du grain est tombé aussi au milieu des ronces, et, en poussant les ronces l'ont étouffé. Enfin du grain est tombé dans la bonne terre, il a poussé, et il a porté du fruit au centuple. »

Ses disciples lui demandaient quel était le sens de cette parabole. Il leur déclara : « À vous il est donné de connaître les mystères du royaume de Dieu, mais les autres n'ont que les paraboles, afin que se réalise la prophétie : ils regarderont sans regarder, ils écouteront sans comprendre. Voici le sens de la parabole. La semence, c'est la parole de Dieu. Ceux qui sont au bord du chemin, ce sont ceux qui ont entendu ; puis le démon survient et il enlève de leur cœur la parole, pour les empêcher de croire et d'être sauvé. Ceux qui sont dans les pierres, lorsqu'ils entendent, ils accueillent la parole avec joie. Mais ils n'ont pas de racines, ils croient pour un moment, et au moment de l'épreuve, ils abandonnent.

Ceux qui sont tombés dans les ronces, ce sont ceux qui ont entendu, mais qui sont étouffés, chemin faisant, par les soucis, la richesse et les plaisirs de la vie, et ne parviennent pas à maturité.

Et ceux qui sont tombés dans la bonne terre, eux, ils ont entendu la Parole dans un cœur bon et généreux.

Reproches aux scribes et aux pharisiens : formalisme

Évangile de Jésus Christ selon saint Matthieu.

Jésus disait : « Malheureux êtes-vous, scribes et pharisiens hypocrites, parce que vous payez la dîme sur la menthe, le fenouil et le cumin, mais vous avez négligé ce qu'il y a de plus grave dans la Loi : la justice, la miséricorde et la fidélité. Voilà ce qu'il fallait pratiquer sans négliger le reste. Guides aveugles ! Vous enlevez le moucheron avec un filtre, et vous avalez le chameau !

« Malheureux êtes-vous, scribes et pharisiens hypocrites, parce que vous purifier l'extérieur de la coupe et de l'assiette, mais l'intérieur est rempli de cupidité et d'intempérance ! Pharisien aveugle, purifie d'abord l'intérieur de la coupe afin que l'extérieur aussi devienne pur ».

V

Un monde sans Dieu est un monde en perdition

La mission dont Jésus nous a chargés est de colporter, d'annoncer les Évangiles, trésor unique et sans prix de l'Église, annoncer Le Christ, l'Évangile, révélation de Jésus Christ, et dans ce domaine, un vrai modèle à imiter est sainte Thérèse de Lisieux, qui a su faire revivre la fraîcheur de l'Évangile et ses valeurs : vérité, justice respect de l'homme, amour fraternel, partage, pardon. L'Évangile m'a appris à obéir, à être craintif à la parole, j'ai compris ainsi que la puissance du mal n'a pas de pouvoir sur le pouvoir de Dieu.

Lecture de la lettre de saint Paul aux Romains. Le salut du monde par la prédication de l'Évangile.

Si tu affirmes de ta bouche que Jésus est Seigneur, si tu crois dans ton cœur que Dieu l'a ressuscité d'entre les morts, alors tu seras sauvé. Celui qui croit du fond de son cœur devient juste ;

celui qui de sa bouche affirme sa foi parvient au salut. En effet l'Écriture dit que lors du jugement aucun de ceux qui croient en lui n'aura à le regretter. Ainsi entre les Juifs et les païens, il n'y aura de différence : tous ceux qui invoqueront le nom du Seigneur seront sauvés.

Or comment invoquer le Seigneur sans avoir d'abord cru en lui ? Comment croire en lui sans avoir entendu sa parole si personne ne l'a proclamée ? Comment proclamer sans être envoyé ? C'est ce que dit l'Écriture ; Comme il est beau de voir courir les messagers de la bonne nouvelle !

Et pourtant tous n'ont pas obéi à la bonne nouvelle : le prophète Isaïe demandait : « Seigneur, qui a cru en nous entendant parler ? ». C'est donc que la foi naît de ce qu'on entend, c'est l'annonce de la parole du Christ. Alors je pose la question : n'aurait-on pas entendu ? Mais si, bien sûr ! Un psaume le dit… Leur cri a retenti par toute la terre, et leur parole jusqu'au bout du monde.

Psaume

PAR TOUTE LA TERRE S'EN VA LEUR MESSAGE.

Les cieux proclament la gloire de Dieu, le firmament raconte l'ouvrage de ses mains. Le jour au jour en livre, le réciter la nuit en donne connaissance.

Pas de paroles dans ce récit, pas de voix qui s'entende, mais sur toute la terre en paraît le message et la nouvelle, aux limites du monde.

Évangile de Jésus Christ selon Saint Matthieu

LAISSANT LEURS FILETS ILS LE SUIVIRENT.

Comme Jésus marchait au bord du lac de Galilée, il vit deux frères : Simon appelé Pierre et son frère André qui jetaient leurs filets ; c'était des pêcheurs. Jésus leur dit « Venez derrière moi, et je vous ferai pêcheurs d'hommes ». Aussitôt laissant leurs filets ils le suivirent. Plus loin, il vit deux autres frères, Jacques fils de Zébédée et son frère Jean, qui étaient dans leur barque avec leur père en train de préparer leurs filets. Il les appela. Aussitôt laissant leur barque et leur père, ils le suivirent.

MA VIE SPIRITUELLE S'EST ENRICHIE EN LISANT LES ÉVANGILES.

L'amitié qui me liait avec l'abbé Ducatel, « mon vieux prêtre », m'a permis d'évoluer vers le Seigneur. Il a compris rapidement mes préoccupations spirituelles et m'a dirigé, afin que j'embellisse ma vie en lisant les Évangiles, les Saintes Écritures et les psaumes. Ce sont ces lectures qui vous aident à surmonter les épreuves de chaque jour. Bien sûr il m'avait prévenu, avec beaucoup de tendresse dans le regard et beaucoup d'amour dans la voix : « Daniel, vous n'irez jamais assez à la messe, surtout le dimanche septième jour de la semaine, jour mémorial, jour de sabbat jour de repos, jour sacré. Ce jour doit être respecté, et l'on doit y être attentif, c'est aussi un jour de joie, il faut remercier le Seigneur, y penser, méditer et être reconnaissant ». Voilà les grandes lignes de conduite que m'a indiquées ce vieux prêtre, juste assez pour que je comprenne que si je voulais devenir un vrai chrétien et me faire aimer de Dieu, il me fallait obéir aux règles et aux commandements, qu'il fallait obéir aux commandements, lire les Évangiles et mettre tout cela en pratique et que c'est par cette voie que je trouverais le vrai chemin du Christ.

Il m'a aussi enseigné le partage et m'a fait comprendre que je ne devais pas garder tout cela pour moi mais transmettre gratuitement ce que j'avais reçu gratuitement.

Aujourd'hui, avec la force de Dieu je prends ma part de souffrance pour faire connaître la Sainte Lecture, répandre la parole du Christ, celui qui m'a sauvé, qui m'a donné la vocation sainte, peut-être pas dans mes actes, mais plus certainement dans un projet que Dieu a fait pour moi. C'est lui qui m'a choisi, qui m'a accordé sa confiance, alors comment aujourd'hui ne pas la saisir, et comment ne pas être comblé de joie d'avoir été désigné par Dieu ! J'irai jusqu'au bout de mon envie de le servir, je ferais tout pour lui plaire.

Exhortation de Pierre aux pasteurs de l'Église

Lecture de la première lettre de saint Pierre Apôtre.

Frères, je m'adresse à ceux qui exercent parmi vous la fonction d'anciens, car moi aussi je fais partie des anciens, je suis témoin de la passion du Christ et je communiquerai à la gloire qui va se révéler.

Soyez les bergers du troupeau de Dieu qui vous est confié ; veillez sur lui non par contrainte, mais par bon cœur, comme Dieu le veut ; non par une misérable cupidité mais par dévouement ; non pas en commandant en maître à ceux dont vous avez reçu la charge, mais en devenant les modèles du troupeau. Et quand se manifestera le berger suprême, vous emporterez la couronne de gloire qui ne se flétrit pas.

Psaume

Le Seigneur est mon berger :
Rien ne saurait me manquer.

Le Seigneur est mon berger :
Je ne manque de rien.
Sur des prés d'herbe fraîche,
Il me fut reposé.
Il me mène vers les eaux tranquilles
Et me fait revivre ;
Il me conduit par le juste chemin
Pour l'honneur de son nom.

Si je traverse les ravins de la mort,
Je ne crains aucun mal,
Car tu es avec moi
Ton bâton me guide et me rassure.

Tu prépares la table pour moi
Devant mes ennemis ;
Tu répands le parfum sur ma tête,
Ma coupe est débordante.

Grâce et bonheur m'accompagnent
Tous les jours de ma vie ;

J'habiterai la maison du Seigneur
Pour la durée de mes jours.

Évangile

GLOIRE À TOI SEIGNEUR, GLOIRE À TOI !

Sur la foi de Pierre, le Seigneur a bâti son église, et les puissances du mal n'auront sur elle aucun pouvoir. Gloire à toi Seigneur, gloire à toi !

Évangile de Jésus Christ selon Saint Matthieu

« SUR CETTE PIERRE JE BÂTIRAI MON ÉGLISE. »

Jésus était venu dans la région de Cérarée-de-Philippe, et il demandait à ses disciples : « le fils de l'homme, qui est-il, d'après ce que disent les hommes ? ». Ils répondirent : « Pour les uns, il est Jean Baptiste ; pour d'autres encore Jérémie ou l'un des prophètes ». Jésus leur dit : « Et vous que dites-vous, pour vous qui suis-je ? Prenant la parole, Simon-Pierre déclara : « Tu es le Messie, le fils du Dieu vivant ! ». Prenant la parole à son tour, Jésus lui déclara : « Heureux es-tu, Simon fils de Yona : Ce n'est pas la chair et le sang qui t'ont révélé cela, mais mon Père qui est aux cieux. Et moi je te déclare, tu es Pierre et sur cette pierre je bâtirai mon église ; et la puissance de la mort ne l'emportera pas sur elle.

Je te donnerai les clefs du Royaume des cieux ; tout ce que tu auras lié sur la terre sera lié dans les cieux, et tout ce que tu auras délié sur la terre sera délié dans les cieux. »

J'ai obéi en toute chose avec droiture et pureté de cœur tout au long de ce parcours. J'ai découvert que Dieu est juste et bon, qu'il aime la justice, et que ses chemins sont droits, vrais et miséricordieux.

J'ai trouvé enfin un vrai ami, un frère, et un père sur lequel je peux compter, à qui je peux me confier. Je sais qu'il ne m'enverra pas au suicide, je sais que je peux lui faire confiance... Quel bonheur, et quelle richesse d'avoir découvert Jésus-Christ...

Plus rien ne me fait peur, je me sens intouchable, inattaquable, protégé. Les obstacles, je les passe sans difficulté aucune, aidé par mon compagnon de route Jésus !

Lecture du livre de Jérémie

PAROLE DU SEIGNEUR.

Maudit soit l'homme qui met sa confiance dans un mortel, qui s'appuie sur un être de chair, tandis que son cœur se détourne du Seigneur. Il sera comme un buisson sur une terre désolée, il aura pour demeure les lieux arides du désert, une terre salée et inhabitable

Béni soit l'homme qui met sa confiance dans le Seigneur, dont le Seigneur est l'espoir. Il sera comme un arbre planté au bord des eaux qui étend ses racines vers le courant : il ne craint pas la chaleur, quand elle vient, et son feuillage reste vert ; il ne redoute pas une année de sécheresse, car elle ne l'empêche pas de portes du fruit.

Le cœur de l'homme est compliqué et malade ! Qui peut le reconnaître ? Moi, le Seigneur, qui pénètre les cœurs et qui scrute les reins, afin de rendre à chacun selon ses actes, selon les fruits qu'il porte.

Psaume

HEUREUX L'HOMME QUI MET SA FOI DANS LE SEIGNEUR.

Heureux est l'homme qui n'entre pas
Au conseil des méchants,
Qui ne suit pas le chemin des pécheurs,
Ne siège pas avec ceux qui ricanent,
Mais se plaît dans la loi du Seigneur
Et murmure sa loi jour et nuit !

Il est comme un arbre
Planté près d'un ruisseau, qui donne du fruit en son temps
Et jamais son feuillage ne meurt ;
Tout ce qu'il entreprend réussira,
Tel n'est pas le sort des méchants.

Mais ils sont comme la paille
Balayée par le vent :
Au jugement des méchants
Ne se lèveront pas
Ni les pécheurs, au rassemblement
Des justes.
Le Seigneur connaît le chemin des justes,
Mais le chemin des méchants se perdra.

Évangile

Ta parole, Seigneur, est vérité, et ta loi, délivrance.
Heureux vous qui avez faim maintenant : vous serez rassasiés !
Ta parole, Seigneur, est vérité, et ta loi, délivrance.

Évangile de Jésus Christ selon Saint Luc

Lazare et le riche : la justice de Dieu.

Jésus disait cette parabole : « Il y avait un homme riche, qui portait des vêtements de luxe et faisait chaque jour des festins somptueux. Un pauvre nommé Lazare, était couché devant le portail, couvert de plaies. Il aurait bien voulu se rassasier de ce qui tombait de la table du riche ; mais c'était plutôt les chiens qui venaient lécher ses plaies.

Or le pauvre mourut, et les anges l'emportèrent auprès d'Abraham. Le riche mourut aussi et on l'entera. Au séjour des morts, il était en proie à la torture ; il leva les yeux et vit au loin Abraham avec Lazare tout près de lui. Alors il cria : « Abraham mon père, prends pitié de moi et envoie Lazare tremper dans l'eau le bout de son doigt, pour me rafraîchir la langue, car je souffre terriblement dans cette fournaise. Mon enfant, répondit Abraham, rappelle-toi : Tu as reçu le malheur. Maintenant il trouve ici la consolation, et toi, c'est ton tour de souffrir. Un grand abîme a été mis entre vous et nous, pour que ceux qui voudraient aller vers vous ne le puissent pas, et que de là-bas non plus on ne vienne pas vers nous. Le riche répliqua : « Eh bien ! Père, je te prie d'envoyer Lazare dans la maison de mon père. J'ai cinq frères : qu'il les avertisse pour qu'ils ne viennent pas eux aussi, dans ce lieu de torture ! ».

Abraham lui dit : « Ils ont Moïse et les prophètes : qu'ils les écoutent ! ». « Non, père Abraham, dit le riche, mais si quelqu'un de chez les morts vient les trouver, ils se convertiront. » Abraham répondit : « S'ils n'écoutent pas Moïse ni les prophètes, quelqu'un pourra bien ressusciter d'entre les morts : ils ne seront pas convaincus. »

VI

Hymne à la charité

Au travers de mes lectures religieuses et de l'Évangile, j'ai remarqué des passages particuliers sur lesquels je reviens très souvent. Ces lectures m'ont fait comprendre que c'est dans l'amour et la charité que l'on se retrouve et que l'on trouve le bonheur.

Évangile

ACCLAMATIONS

Alleluia. Alleluia. Si nous nous aimons les uns les autres, Dieu demeure en nous, en nous son amour atteint la perfection. Alleluia.

Discours dans la plaine : L'amour des ennemis.

ÉVANGILE DE JÉSUS CHRIST SELON SAINT LUC.

Jésus déclarait à la foule : « Je vous le dis, à vous qui m'écoutez : aimer vos ennemis, faites du bien à ceux qui vous haïssent à ceux qui vous maudissent, priez pour ceux qui vous calomnient. À celui qui te frappe sur une joue, présente l'autre. À celui qui te prend ton manteau, laisse-lui prendre aussi ta tunique. Donne à quiconque te demande, et ne réclame pas à celui qui te vole.

Ce que vous voulez que les autres fassent pour vous, faites le aussi pour eux. Si vous aimez ceux qui vous aiment, quelle reconnaissance pouvez-vous attendre ? Même les pécheurs aiment ceux qui les aiment. Si vous faites du bien à ceux qui vous en font, quelle reconnaissance pouvez-vous attendre ? Même les pêcheurs en font autant. Si vous prêtez quand vous êtes sûr qu'on vous rendra, quelle reconnaissance pouvez-vous attendre ? Même les pécheurs prêtent aux pécheurs pour qu'on leur rende l'équivalent.

Au contraire, aimez vos ennemis, faites du bien, et prêtez sans rien espérer en retour. Alors votre récompense sera grande, et vous serez les fils du Dieu Très Haut, car il est bon, lui, pour les ingrats et les méchants. Soyez miséricordieux comme notre Père est miséricordieux.

Ne jugez pas, et vous ne serez pas jugés ; ne condamnez pas et vous ne serez pas condamnés. Pardonnez et vous serez pardonnés. Donnez et vous recevrez une mesure bien pleine, tassée, bien secouée, débordante, qui sera versée dans votre tablier ; car la mesure dont vous vous servez pour les autres servira aussi pour vous.

LECTURE DE LA LETTRE DE SAINT PAUL APÔTRE AUX COLSSIENS.

Frères, puisque vous avez été choisis par Dieu, que vous êtes ses fidèles et ses bien-aimés, revêtez votre cœur de tendresse et de bonté, d'humilité, de douceur, de patience.

Supportez-vous mutuellement et pardonnez, si vous avez des reproches à vous faire. Agissez comme le Seigneur : il vous a pardonné, faites de même.

Par-dessus tout cela, qu'il y ait de l'amour : C'est lui qui fait l'unité dans la perfection. Et que, dans vos cœurs, règne la paix du Christ à laquelle vous avez été appelés pour former en lui un seul corps.

Vivez dans l'action de grâce. Que la parole du Christ habite en vous dans toute sa richesse ; instruisez-vous, et reprenez-vous les uns les autres avec une vraie sagesse ; par de psaumes, des hymnes et de libres louanges, chantez à Dieu, dans vos cœurs, votre reconnaissance, et tout ce que vous dites, tout ce que vous faites, que ce soit toujours au nom du Seigneur Jésus Christ, en offrant par lui votre action de grâce à Dieu le père.

VII

Frère et sœur par le même père

Savoir s'arrêter et regarder l'autre, se pencher surtout vers ceux qui ne peuvent compter sur rien sur personne. Si nous donnons aux riches ou si nous offrons des repas à ceux qui n'ont pas faim, à quoi cela servira-t-il ? Le créateur a fait le ciel et la terre, l'homme et la femme à son image, ainsi que toutes les merveilles que contient la terre. Mais il n'a pas fait tout cela pour qu'une partie de ce monde vive dans l'opulence, le confort, l'oisiveté et le gâchis permanent, pendant que l'autre partie du monde vit dans la misère, et les risques que font courir les épidémies, les maladies de toutes sortes, et parfois même les essais nucléaires et autres fléaux de notre siècle comme les bombes anti-personnelles lors des guérillas !

A-t-on le droit de laisser mourir nos frères et nos sœurs de faim, de soif ou par négligence et mépris des droits des hommes ? Le créateur n'a pas laissé son fils se faire sacrifier sur la croix pour que les hommes fassent encore n'importe quoi !

Dieu et Jésus son fils n'ont jamais annoncé cela. Ils nous ont enseigné l'amour de notre prochain, et de tous les hommes sans distinction de race et de couleur de peau, Dieu et Jésus nous ont appris l'amour. Ils nous ont appris que nous étions tous frères et sœurs par le même père, Dieu tout puissant !

Nous avons tous les mêmes droits, les mêmes devoirs les uns envers les autres, les mêmes accès aux mêmes héritages, la même promesse de bonheur sur terre comme au ciel. Dieu et son fils nous ont demandé d'aider, de secourir, de partager avec notre prochain, ils nous ont aussi demandé d'écarter la haine de notre chemin.

Cela n'est pas toujours facile d'appliquer la parole du Seigneur, mais il suffit parfois de lui parler, d'aller le rencontrer dans sa maison. Il saura au travers des Saintes Évangiles vous dire comment faire pour séparer le bon grain de l'ivraie, et vous répéter sans cesse « Aimer vous les uns les autres comme Jésus notre sauveur nous a aimés ».

Évangile de Jésus Christ selon Saint Matthieu.

Jésus disait à ses disciples : « Amen, je vous le dis : un riche entrera difficilement dans le royaume des cieux. Je vous le répète : il est plus facile à un chameau de passer par un trou d'aiguille qu'à un riche d'entrer dans le royaume des cieux. » Entendant ces paroles, les disciples furent profondément déconcertés, et ils disaient : « Qui donc peut être sauvé ? » Jésus les regarda et dit : « Pour les hommes, c'est impossible, mais pour Dieu tout est possible ». Alors Pierre prit la parole et dit à Jésus :

« Voilà que nous avons tout quitté pour te suivre : alors, qu'est-ce qu'il y aura pour nous ? » Jésus leur déclara : « Amen, je vous le dis : quand viendra le monde nouveau, et que le fils de l'homme siégera sur son trône de gloire, vous-même sur douze trônes pour juger les douze tributs d'Israël. Et tout homme qui aura quitté à cause de mon nom des maisons, des frères des sœurs, un père, une mère, des enfants ou une terre recevra beaucoup plus, et il aura en héritage la vie éternelle. Beaucoup de premiers seront les derniers et beaucoup de derniers seront les premiers. »

LA MESSE DU DIMANCHE...

Aller à la messe du dimanche : c'est déjà une prière que de se lever, de faire sa toilette, de s'habiller, sortir sa voiture du garage, bousculer ses habitudes, s'organiser pour le repas, parfois se disputer avec son épouse ou son mari qui n'a pas les mêmes convictions religieuses.

C'est quelquefois un grand sacrifice que d'aller à la messe du dimanche. Mais quel enrichissement personnel, quel enrichissement spirituel !

Dieu nous observe, il voit, il reconnaît ce que l'on fait pour lui, pour se rendre dans sa maison. Bien sûr on peut maintenant regarder la messe sur son écran de télévision. Mais l'Eucharistie sort de son contexte cérémonieux pour devenir un spectacle, et non plus une communion fraternelle entre chrétiens. Comment réciter « Notre Père » devant un poste en faux bois ou en polyester avec ferveur, comment élever son chant vers le

Seigneur devant un engin qui la veille diffusait un film d'horreur ou pornographique ? La messe à la télévision ne doit pas servir de prétexte à ceux qui sont en bonne santé et peuvent se déplacer jusqu'aux églises et chapelles. Cette diffusion de confort doit être réservée aux malades, aux personnes âgées, à ceux qui ont des difficultés pour se mouvoir, à ceux qui sont hospitalisés. Sinon, faut faire l'effort d'aller communier avec ses frères et ses sœurs à la table du Seigneur...

Vivre l'Évangile

Pour recevoir le pardon de Dieu, l'Église nous propose le sacrement de la pénitence et de la réconciliation. N'oublions pas que c'est d'abord le Christ qui est à notre recherche et que le péché nous éloigne de lui, nous perd. Des prêtres sont toujours disponibles, à la paroisse, pour nous donner le pardon de tous nos pêchés. Alors, si cela fait longtemps, plusieurs mois ou années, que nous n'avons pas reçu ce sacrement, n'hésitons pas. Nous recevrons aussi la joie d'être pardonné...

On ne peut vivre véritablement la messe en épluchant ses légumes, ou en balayant sa maison. Beaucoup trop de gens disent : si j'avais le temps, j'irai à la messe », pourtant on peut trouver ce temps, mais on en trouve bien pour les distractions et les loisirs !

Un dimanche matin, alors que je me rendais à la messe, je m'aperçus qu'une brocante s'était installée dans la rue de l'église, la manifestation battait son plein depuis le matin à 6 heures, car les amateurs de brocantes savent que c'est tôt le matin que l'on fait les meilleures affaires. Et un peu avant 9 heures, à l'heure où les cloches appelaient les fidèles pour la célébration, il y avait des milliers de personnes qui arpentaient cette rue à la recherche d'un hypothétique objet rare! Bref des familles entières déambulaient devant l'église, à l'intérieur, pour suivre la messe, nous n'étions que 6 paroissiens. Je réfléchissais à tous ces gens qui pensent ne jamais avoir assez de temps pour assister à une messe, et qui le trouvent ce temps pour chiner du matériel. Ne pouvaient-ils pas trouver quelques minutes pour confier leurs peines, leurs joies leurs souhaits à Dieu?

Il ne faut donc pas s'étonner dans ce contexte de désertification des églises du manque de vocation des jeunes à devenir prêtres. Puisque les chrétiens ne font rien ou pas grand-chose pour conserver ceux qui sont déjà au service du Seigneur...

Comme je suis malheureux quand je pense au curé qui a préparé une homélie durant plusieurs heures pour seulement une dizaine de personnes, souvent toujours les mêmes.

Aujourd'hui plus des trois quarts des enfants en âge de l'être ne sont pas catéchisés, et ne font que difficilement la part du bien et du mal... Il n'y plus de morale à l'école, plus d'instruction civique ou presque, et on s'étonne que la délinquance progresse dans notre France...

Les enfants, auparavant, recevaient une éducation spirituelle et morale, qui leur donnait un chemin à suivre, ou tout au moins leur en indiquait la direction. Aujourd'hui, c'est plus la télévision qui « éduque » les enfants, avec son cortège d'âneries de violence et de perversion! Certains parents démissionnent, plus préoccupé par leurs « histoires à eux », par leur vie, leur travail (leur manque de travail aussi, ne soyons pas mauvais juge) que par l'éducation de leurs enfants... Comment voulez-vous faire des adultes responsables avec des enfants livrés à eux-mêmes dès leur naissance, sous prétexte du respect de sa liberté on néglige son éducation civique, religieuse, sportive. On le laisse libre de ses choix en matière de cinéma, de télévision, de musique. Bref l'autogestion n'est certainement pas la panacée ; la liberté tous azimuts sans tabous, sans barrières, sans respect des autres, débouche sur la rue, la drogue, la délinquance... Ce n'est pas l'enfant qui est responsable, mais ses parents !

Si l'on fait un retour de 30 ans en arrière, « Mai 68 » fut certes le départ d'un projet de progrès social, mais fut aussi le début d'une décadence morale avec des phrases et surtout l'application des slogans de l'époque : « Il est interdit d'interdire », « libération de la Femme » (pour mieux l'exploiter !), et l'on peut s'interroger sur celui-ci, qui est loin d'être appliqué : « Travail égal, salaire égal »...

VIII

Si le grain ne meurt

Quelle assurance pour nos âmes! Rien ne peut plus empêcher la vie d'avancer. Et ce n'est pas le moindre mystère que celui de cette vie qui germe incessamment de la mort même.

En cette fin d'hiver, que sont nos champs de blé? Rien qu'une jachère de terre nue. Mais dans quelques semaines, de cette mort apparente va resurgir la verdure du blé en herbe. Ainsi va la vie. On meurt à la vie embryonnaire, pour entrer dans l'existence. On meurt à l'enfance pour s'ouvrir à l'adolescence. On laisse l'état d'homme mûr, pour entrer dans la sagesse d'un âge consommé. Et l'on meurt à la vieillesse, pour entrer enfin dans l'éternité de la vie. « Si le grain ne meurt, il porte beaucoup de fruits. »

La conclusion est claire: il faut mourir pour vivre! Mourir au vieil homme qui tombe en ruine et à la figure de ce monde qui passe. Ce n'est pas en s'arrachant à cette vie qu'on la sauve, mais en l'offrant. On ne la trouve qu'en la perdant.

Ce combat, Jésus le premier l'a mené à nos côtés: aujourd'hui, je suis bouleversé. Que puis-je dire? Père, délivre-moi de cette heure? Et il se reprend: mais non, c'est pour cela que je suis parvenu à cette heure-ci. Ainsi, Jésus ne nous a-t-il pas abandonnés à cette dure nécessitée de mourir qui nous attriste. Il reste avec nous au cœur même de notre agonie. Il a fait de notre mort un passage vers l'éternité en brûlant cette mort au feu de sa Vie.

Dieu nous a tout donné!

On nous dit encore: « S'il y a un Dieu, qu'il se montre! » Que voulez-vous qu'il nous donne? Il nous a déjà tout donné!

On nous dit: « S'il y avait un bon Dieu, il n'y aurait plus de plus de crime, plus de conflit, plus de guerre, plus de méchanceté, plus de drogue, plus de haine entre les hommes… »

Tout cela n'est pas la volonté de Dieu. Il nous a donné la liberté, et la volonté d'agir à notre guise dans le respect de ses commandements! Chacun peut donc les interpréter obéir à ces recommandations de Dieu en fonction de sa foi et de son honnêteté d'homme!

Dieu n'est pas un justicier, il n'est pas là pour régler nos problèmes, régler nos comptes…

Dieu ne peut intervenir que s'il y a de l'amour. Sans amour pour lui, mais aussi pour notre prochain. Il ne suffit pas d'aimer Dieu, il faut aussi se faire aimer de lui. Pour cela, il faut suivre le chemin de Jésus, respecter ses commandements et observer des règles, comme dans le travail, dans le sport, ou d'autres disciplines. S'il y a faute, il y a punition, et l'on peut faire la comparaison avec la musique et prendre le « Notre

Père » comme une partition musicale. Le solfège comprend sept notes accompagnées dans leur arrangement entre elle d'un certain nombre de règles, poses, soupirs etc. Alors si nous jouons un morceau et que nous ne respectons pas les règles, la partition est fausse. Dans le « Notre Père », c'est la même chose, il faut appliquer les règles de ce que nous disons.

Je ne peux pas dire « Notre » si je vis dans un compartiment spirituel étanche et si je pense que dans le ciel il existe un endroit spécial réservé à mon église particulière.

Je ne peux pas dire « Père » si je ne montre pas par ma vie que j'ai un lien de parenté avec Toi.

Je ne peux pas dire « Qui êtes aux cieux » si je suis préoccupé des choses de cette terre sur laquelle pourtant je ne devrais m'amasser aucun trésor.

Je ne peux dire « Que Ton nom soit sanctifié » si je ne suis pas saint moi-même, moi qui me réclame de Ton Nom.

Je ne peux pas dire « Que ton règne vienne » si je ne fais pas tout ce qui est en mon pouvoir pour hâter sa venue.

Je ne peux pas dire « Que ta volonté soit faite », si je ne suis pas d'accord avec ta volonté, et si je me révolte contre elle !

Je ne peux pas dire « Sur la terre comme au ciel » si je ne suis pas prêt à consacrer ma vie ici-bas à ton service.

Je ne peux pas dire « donne-nous aujourd'hui notre pain de

ce jour », si je ne change pas mon genre de vie, fondé sur l'exploitation des autres.

Je ne peux pas dire « Pardonne-nous nos offenses comme nous pardonnons à ceux qui nous ont offensés », si je garde de la rancune, de la haine, et de la colère contre mon prochain, ou si je le jalouse.

Je ne peux pas dire « Ne nous soumets pas à la tentation » si délibérément je me place, ou je reste dans une situation telle, que je puisse facilement tomber dans la tentation.

Je ne peux pas dire « Mais délivre-nous du mal » si je ne suis pas prêt à le combattre dans le domaine spirituel avec l'arme de la prière.

Je ne peux pas dire « À toi le règne » si je ne me soumets pas à mon roi dans une fidèle obéissance.

Je ne peux pas dire « À toi la puissance » si j'ai peur de ce que les autres peuvent me faire ou penser de moi.

Je ne peux pas dire « À toi la gloire », si je cherche ma propre gloire.

Je ne peux pas dire « Aux siècles des siècles », si mon horizon se limite aux choses de ce monde.

Je ne peux pas dire « Amen », si je n'ajoute pas « Quoi qu'il m'en coûte » !

CAR IL DOIT M'EN COÛTER BEAUCOUP DE DIRE EN TOUTE SINCÉRITÉ UNE TELLE PRIÈRE...

Alors si nous voulons obtenir de Dieu des grâces, des faveurs, il faut se plier et rester très attentif aux règles, qui nous sont données dans les évangiles, mais je ne le répète en aucun cas, Dieu acceptera que l'on prenne des pourcentages dans ses commandements. « Demandez et vous recevrez, dit Jésus, et si vous demeurez en moi et que ma parole demeure en vous, demandez-moi ce que vous voulez, et tout vous sera accordé, à condition que vous respectez mes commandements, et que vous vivez avec moi, et pour moi, et en moi... »

Il nous dit aussi : « Venez à moi, vous tous qui pensez, vous qui êtes accablés, par le poids de la vie, et moi je vous redonnerai des forces. » « Bien sûr, dit le Seigneur, à condition que vous m'ouvriez, si je frappe à votre porte. Si vous m'aimez, mon père vous aimera aussi. Nous entrerons tous les deux dans votre maison, et nous prendrons notre repas à votre table. Nous serons heureux de votre volonté de vivre avec nous, tous les jours, heureux que vous respectiez nos commandements. »

Comme il est difficile d'être chrétien, Jésus est exigeant, il ne veut pas de demi-mesure dans ces commandements. Il veut la part entière tout comme un directeur sportif qui exige que toutes les règles soient observées pour faire d'un coureur ou autre un grand champion... Il faut que toutes les règles soient observées, que tous les comportements soient respectés à la lettre. Cela est valable pour tous, qu'on soit un politicien, un PDG de société, un mécanicien, un charpentier, un prêtre, un avocat, une caissière, un professeur, etc. Nous sommes tous reliés à la même convention, chaque métier a ses règles, et si nous voulons réussir, il faut agir avec beaucoup de foi et d'amour. Respecter les commandements du Seigneur, savoir écouter, pardonner, ne pas mentir, ne pas vouloir escroquer son prochain ou avoir pour lui de la méchanceté ou de la haine. Voilà comment réussir car la victoire en toute occasion n'est pas un fait du hasard, l'homme qui n'exploite pas cette méthode avec amour ne peut réussir…

« C'est l'Esprit qui fait vivre… La chair n'est capable de rien ! »

« On ne peut qu'admirer cette merveilleuse création qu'est l'homme, corps, esprit… L'un meurt, l'autre vit ! »

IX

I – Comparaison de l'Esprit et de l'ordinateur

Reconnaissance au Créateur

Je pense que l'on a du mal à comprendre cela. Dans le passage (Un docteur pour le corps, un docteur pour l'esprit), je fais la comparaison de choses impalpables mais cependant puissantes, comme le vent, la tempête, le courant électrique, les ondes, le bruit, le silence, le chaud, le froid, et puis la nature, le cycle des saisons etc. Tous ces mystères viennent de là créations du ciel et de la terre, au même titre que l'homme et la femme, que Dieu a façonné à son image.

Rien n'a été oublié. Dans le corps humain par exemple : Il faut des jambes pour marcher, des bras, des mains pour manipuler les objets, peindre, écrire, et faire ainsi des milliers de choses parfois précieuses comme le travail de l'horloger, ou du micro-chirurgien… Il faut des yeux pour voir, des oreilles pour écouter, un nez pour respirer mais aussi pour sentir les odeurs, une bouche pour parler, pour manger, et tout un système digestif, qui comprend l'estomac, les intestins, le foie, ainsi qu'un système sanguin avec les artères, les veines, le cœur, les reins etc… Quelle belle machine, rien n'a été oublié…

Et puis, il y a le cerveau qui permet de réfléchir, de mémoriser, et l'esprit dont on suppose qu'il habite le cerveau est impalpable. On ne peut ôter l'esprit d'un cerveau lors d'une opération chirurgicale ! Et pourtant l'esprit c'est lui qui dirige le bien et le mal.

La mémoire elle, c'est autre chose, elle a une capacité variable en fonction des facultés des uns et des autres à apprendre, et à leur volonté de retenir certaines choses, c'est un véritable ordinateur…

Quelle merveille que cette séparation du corps et de l'esprit, de cet esprit dont je suis sûr qu'il ne partira pas avec mon corps en pourriture. Mon esprit, mon âme seront éternels, si je sais les protéger ici-bas.

Louange à toi, Seigneur, Roi d'éternelle gloire !

Évangile de Jésus Christ selon saint Matthieu.

Le Christ jugera les hommes sur leur amour pour les malheureux.

Jésus parlait à ses disciples de sa venue : Quand le Fils de l'homme viendra dans sa gloire, et tous les anges avec lui, alors il siégera sur sont trône de gloire. Toutes les nations seront rassemblées devant lui ; il séparera les hommes les uns les autres, comme le berger sépare les brebis des chèvres : il placera les brebis à sa droite, et les chèvres à sa gauche.

Alors le Roi dira à ceux qui seront à sa droite : « Venez, les bénis de mon père, recevez en héritage le royaume préparé pour vous depuis la création du monde. Car j'avais faim et vous m'avez donné à manger, j'avais soif et vous m'avez donné à boire ; j'étais un étranger, et vous m'avez accueilli ; j'étais nu, et vous m'avez habillé, j'étais malade et vous m'avez visité ; j'étais en prison, et vous êtes venus jusqu'à moi ! »

« Alors les justes lui répondront : Seigneur quand est-ce que nous t'avons vu ? Tu avais donc faim, et nous t'avons nourri ? Tu avais soif, et nous t'avons donné à boire ? Tu étais un étranger, et nous t'avons accueilli ? Tu étais nu, nous t'avons habillé ? Tu étais malade, ou en prison… Quand sommes nous venus jusqu'à toi ? »

Et le Roi leur répondra « Amen, je vous le dis, chaque fois que vous l'avez fait à l'un de ces petits qui sont mes frères, c'est à moi que vous l'avez fait. »

II – « Moi je suis le pain de la vie » dit Jésus !

DISCOURS SUR LE PAIN DE LA VIE. LA CHAIR ET LE SANG DE JÉSUS SONT LA VRAIE NOURRITURE.

ÉVANGILE DE JÉSUS CHRIST SELON SAINT JEAN.

Les Juifs discutaient entre eux : « Comment cet homme-là peut-il nous donner sa chair à manger ? » Jésus leur dit alors : « Amen, amen je vous le dis : si vous ne mangez pas la chair du fils de l'homme, et si vous ne buvez pas son sang, vous n'aurez pas la vie en vous. Celui qui mange ma chair et boit mon sang à la vie éternelle ; et moi je le ressusciterai au dernier jour. En effet ma chair est la vraie nourriture, et mon sang est la vraie boisson. Celui qui mange ma chair et boit mon sang demeure en moi, et moi je demeure en lui.

De même que le Père, qui est vivant, m'a envoyé, et que moi je vis par le Père, de même aussi celui qui me mangera vivra par moi.

Tel est le pain qui descend du ciel : il n'est pas comme celui que vos pères ont mangé. Eux, ils sont morts ; celui qui mange ce pain vivra éternellement. »

Voilà ce que Jésus a dit, dans son enseignement à la synagogue de Capharnaüm.

Fidélité des douze et confession de foi de Pierre

Jésus avait dit dans la synagogue de Capharnaüm : « Celui qui mange ma chair et boit mon sang a la vie éternelle. » Beaucoup de ses disciples qui avaient entendu, s'écrièrent : « ce qu'il dit là, est intolérable, on ne peut pas continuer à l'écouter ! »

Jésus connaissait ces récriminations des disciples. Il leur dit : « Cela vous heurte, et quand vous verrez le fils de l'homme montrer là où il était auparavant ? C'est l'esprit qui fait vivre, la chair n'est capable de rien. Les paroles que je vous ai dites sont esprit et elles sont vie. Mais il y en a parmi vous qui ne croient pas ».

Jésus savait en effet depuis le commencement qui étaient ceux qui ne croyaient pas, et celui qui le livrerait. Il ajouta : « Voilà pourquoi je vous ai dit que personne ne peut venir à moi si cela ne lui est pas donné par le Père. »

À partir de ce moment, beaucoup de ses disciples s'en allèrent et cessèrent de marcher avec lui. Alors Jésus dit aux douze : « Voulez-vous partir, vous aussi ? » Simon-Pierre lui répondit : « Seigneur vers qui pourrions-nous aller ? Tu as les paroles de la vie éternelle. Quant à nous, nous croyons et nous savons que tu es le saint, le saint de Dieu. »

Discours sur le pain de la vie, la volonté du Père, c'est la résurrection des croyants. Évangile de Jésus Christ selon Saint Jean.

Après avoir multiplié les pains, Jésus disait à la foule des Juifs : « Moi je suis le pain de la vie. Celui qui vient à moi n'aura plus jamais faim ; Celui qui vient à moi n'aura plus jamais soif.

Mais je vous l'ai déjà dit : Vous avez vu, et pourtant vous ne croyez pas. Tous ceux que le Père me donne viendront à moi ; et celui qui vient à moi, je ne vais pas le jeter dehors.

« Car je ne suis pas descendu du ciel pour faire ma volonté, mais pour faire la volonté de celui qui m'a envoyé. Or la volonté de celui qui m'a envoyé, c'est que je ne perde aucun de ceux qu'il m'a donnés, car la volonté de mon Père, c'est que tout homme qui voit le Fils et croit en lui, obtienne la vie éternelle ; et moi, je le ressusciterai au dernier jour. »

III – Vivre l'Évangile

Tout un chemin de conversion personnelle

Être une pierre vivante, savoir s'ajuster aux autres, c'est un enjeu de la vie de l'Église alors dans la paroisse, dans l'équipe, dans la communauté, j'y tiens toute ma place, mais pas toute la place. Je suis bien à ma place, en cherchant cependant sans cesse à donner de la place aux autres…

Le sang de Jésus nous purifie de tout péché.

LETTRE DE SAINT JEAN.

Voici le message que Jésus-Christ nous a fait entendre et que nous vous annoncions : « Dieu est lumière, il n'a pas de ténèbres en lui. »

Si nous disons que nous sommes en communion avec lui, alors que nous marchons dans les ténèbres, nous sommes des menteurs, nous n'agissons pas selon la vérité ; mais si nous marchons dans la lumière, comme il est lui-même dans la lumière, nous sommes en communion les uns avec les autres, et le sang de Jésus son Fils nous purifie de tout péché.

Si nous disons que nous n'avons pas de péché, nous nous égarons nous-même, et la vérité n'est pas en nous. Si nous reconnaissons nos péchés, lui qui est fidèle et juste nous pardonnera nos péchés et nous purifiera de tout ce qui nous oppose à lui.

Si nous disons que nous ne sommes pas pécheurs, nous faisons de lui un menteur et sa parole n'est pas en nous.

Mes petits enfants, je vous écris pour que vous évitiez le péché. Mais, si l'un de nous vient à pécher, nous avons un défenseur devant le Père : Jésus Christ le juste. Il est la victime offerte pour nos péchés, et non seulement pour les nôtres, mais encore pour ceux du monde entier.

Psaume

Bénis le seigneur ô mon âme ! Alleluia !

Bénis le Seigneur ô mon âme,
Bénis son nom très saint, tout mon être !
Bénis le Seigneur, ô mon âme,
N'oublie aucun de ses bienfaits.

Car il pardonne toutes tes offenses
Et te guérit de toute maladie ;
Il réclame ta vie à la tombe
Et te couronne d'amour
Et de tendresse.

Le Seigneur est tendresse et pitié
Lent à la colère et plein d'amour ;
Il n'est pas pour tout toujours en procès,
Ne maintiens pas sans fin
Ses reproches.

Comme la tendresse du Père pour ses fils
La tendresse du Seigneur
Pour qui le craint !
Il sait de quoi nous sommes pétris,
Il se souvient que nous sommes
Poussière.

X

Les âmes du purgatoire

Nous devons bien penser à elles, surtout à celles qui nous sont les plus proches. Qui n'ont pas perdu un être cher ? Un père, une mère, un mari, une épouse, une sœur, un frère, un enfant, un ami…

Une perte qui vous plonge dans un chagrin terrible, parfois insurmontable qui provoque même parfois un geste irrévocable. Pour continuer à vivre, il faut surmonter son chagrin, sa peine, il faut continuer à parler à ces êtres qui vous manquent, par l'entremise du Seigneur…

Soulager l'âme des morts, et être utile aux vivants, voilà aussi ce que j'ai bien compris. Je prie beaucoup pour les âmes du purgatoire, surtout pour celles qui en ont le plus besoin, je remets toutes mes prières, toutes mes souffrances, mes sacrifices et mes épreuves à la banque des prières, et je demande à Dieu qu'il les redistribue lui-même à celles qui en ont le plus besoin. Il faut bien savoir que nos chères âmes disparues ne peuvent rien faire sans nous.

Mais il faut savoir aussi que nous ne pouvons rien faire sans elles... Même Jésus ne peut les racheter, si nous humains encore sur terre, nous n'intervenons pour elles... Il faut donc s'adresser à Jésus afin qu'il intervienne auprès de son père tout puissant afin qu'il leur pardonne, et leur ouvre les portes de son paradis...

Il faut prier, aussi la Sainte Vierge Marie, consolatrice des affligés, sans oublier les saints et les saintes du Paradis afin qu'ils intercèdent pour eux, qu'ils demandent grâce à Dieu pour leurs péchés.

MA MISSION POUR PLAIRE À JÉSUS...

Je ne connais pas le temps qui m'est imparti, j'ignore les délais et les dates de la venue du Seigneur dans ma vie. Je suis invité par Dieu à être vigilant, sobre, à vivre dans la lumière, à ne pas m'endormir, à travailler chaque jour d'avantage dans l'amour de mon prochain.

Pour plaire à Jésus, il faut aller jusqu'au bout quand on entreprend quelque chose. Je pense que pour lui faire plaisir, il faut réaliser ce qu'il nous a commandé. Personnellement je m'efforce de toujours terminer ses commandes, que ce soit dans le secteur religieux ou dans les boutiques des vieux métiers de mon village Saint Joseph, mais aussi j'ai mis un point d'honneur à terminer un petit manège de chevaux de bois et mettre sur pied un concept forain, dont les apports financiers iront systématiquement à une association à but humanitaire.

Je pense que Jésus aurait été déçu de me voir abandonner la mission dont il m'avait secrètement investi ; comment aurait-il réagi, si j'avais abandonné la construction de mon village, et surtout de sa maison ? Pendant cette réalisation, il m'a aidé, m'a donné la force, les moyens, la responsabilité pour réussir, je me sentais fort rien ne pouvait m'arrêter, j'avais des ailes. Je n'oubliais cependant pas dans mes efforts de penser à mes frères et mes sœurs dans le besoin.

Aujourd'hui tout est réalisé, et je me dis souvent que quand on veut faire bouger des montagnes, on le peut, surtout avec l'aide de Dieu.

« Je vais envoyer un ange devant toi » !

Lecture du livre de l'Exode.

Au Sinaï, Moïse transmettait au peuple les paroles du Seigneur : « Je vais envoyer un ange devant toi pour te garder en chemin et te faire parvenir au lieu que je t'ai préparé. Respecte sa présence, écoute sa voix. Ne lui résiste pas ta révolte, car mon Nom est en lui. Mais si tu lui obéis parfaitement, si tu fais tout ce que je dirais, je serai l'ennemi de tes ennemis, je poursuivrai tes persécuteurs. Mon ange marchera devant toi. »

Corps ressuscité, corps spirituel...

Comment les morts ressuscitent-ils?

Bien souvent on me pose cette question, et on ne comprend pas toujours bien quand on dit les morts ressuscitent, une phrase au ton populaire revient sans cesse alors : « Quand on est mort, on est mort ! » Dieu nous a enseigné par les Saintes Écritures que nous disposons de deux corps, l'un est mortel, l'autre est spirituel.

Corps mortel et corps ressuscité.

Lecture de la première lettre de saint Paul apôtre aux Corinthiens.

Frères, l'un de vous peut demander : « Comment les morts ressuscitent-ils, avec quelle sorte de corps reviennent-ils ? » Réfléchis donc ! Quand tu sèmes une graine, elle ne peut pas donner la vie sans mourir d'abord ; et tu ne sèmes pas le corps de la plante qui va pousser, tu sèmes une graine toute nue : du blé ou autre chose.

Il en sera de même quand les morts ressusciteront. Ce qui est semé dans la terre est périssable, ce qui ressuscite est impérissable ; ce qui est semé n'a plus de valeur, ce qui ressuscite est plein de gloire, ce qui est semé est faible, ce qui ressuscite est puissant ; ce qui est semé est un corps humain, ce qui ressuscite est un corps spirituel, puisqu'il existe un corps humain, il existe un corps spirituel.

L'Écriture dit : Le premier Adam était un être humain qui avait reçu la vie ; le dernier Adam – le Christ – est devenu l'être spirituel qui donne la vie. Ce qui est apparu d'abord ce n'est pas l'être spirituel. C'est l'être humain, et ensuite seulement le spirituel. Pétri de terre, le premier homme vint de la terre, le deuxième homme, lui, vint du ciel. Puisque Adam est pétri de terre, comme lui les hommes appartiennent à la terre, puisque le Christ est venu du ciel, comme lui les hommes appartiennent au ciel. Et de même que nous sommes à l'image de celui qui est pétri de terre, de même nous serons à l'image de celui qui vient du ciel.

Au Christ Serviteur…

O Seigneur, tu m'as choisi
Pour te servir et servir mes frères.
Tu m'aimes, Seigneur,
J'ai du prix à tes yeux.
Mon nom est inscrit sur la paume de ta main.
Tu m'as saisi, ô Christ,
Et tu m'as fait connaître la tendresse du Père.
Tu m'as révélé les dons de ton Esprit
Et ton Esprit m'a fait discerner
Le don que tu voulais pour moi.

Seigneur, je t'aime.
Je te donne ma vie et je veux te suivre
Dans ton attention délicate à chacun.
Dans le service des frères
Et dans leur guérison,
Dans la lutte contre le mal
Et l'injustice des puissants,
Dans la souffrance de la Croix
Et la joie de la Résurrection.

Seigneur Jésus, envoie-moi ton Esprit.
Qu'il m'inspire le don du service désintéressé
Et l'attitude du Serviteur inutile.
Qu'il me donne de conformer toute ma vie
À la tienne, ô Christ Serviteur
Qui a lavé les pieds de tes disciples.
Fais-moi, Seigneur, la grâce de faire de ce don
Un charisme au service de ton Église.
Et au service de tous les hommes
Et surtout des plus pauvres,
Afin que par ma vie et par ma bouche,
Ils accueillent l'Évangile de ton Amour
Amen.

Dieu sera pour moi à jamais ma seule richesse. Je souhaite laisser derrière moi une descendance, transmettre ce que j'ai reçu et apporter ce fruit jusqu'à son mûrissement…

Vivre ce profond désir qui me vient de Dieu avec passion. Annoncer et multiplier l'enseignement et « Les Pâques de Jésus », et faire découvrir et redécouvrir l'Évangile.

Vivre avec lui, pour lui, c'est l'acte central de ma vie. Je veux goûter chaque seconde à la douceur de son amour, et me laisser habiter pour aller toujours plus loin dans le don que je veux faire à Dieu et à son Église de ma vie…

Fin

TROISIÈME PARTIE

Le chemin de Croix de Jésus

Une des stations parmi les 14 qui bordent l'allée de la partie religieuse du village St Joseph ; avec l'abbé Six, le jour de la bénédiction.

Le chemin de Croix dont je reprends textuellement chaque station avec ses illustrations est tiré du livre qui m'a été offert par mon vieil ami aujourd'hui disparu, l'abbé Thomas.

Le père avait reçu cet ouvrage lorsqu'il était allé en pèlerinage à Lourdes. Cet ouvrage m'a paru intéressant et tellement facile à comprendre que j'en ai fait un de mes livres de prière favoris. Chaque jour, je lis une station, et cela me réconforte, je préfère opérer de cette façon, plutôt que de me forcer à lire le livre entier une fois l'an.

C'est formidable ce que l'on peut ressentir, et comprendre mieux le pardon, l'amour, le respect, et ce que l'on peut se sentir vrai, mais craintif face à Dieu... Apprendre à ne jamais baisser les bras, à regarder l'autre, comprendre le pauvre, apprendre à partager apprendre la solidarité.

Si on lit le chapitre d'une station et que l'on médite longuement sur le sens des mots et de la parole du Christ on s'aperçoit que la voie est longue, et que Jésus nous ouvre le chemin qui mène au Père. Il nous y accompagne tout au long notre vie. Bien sûr il faut respecter les commandements du Seigneur, et mettre en pratique la sainte lecture pour trouver la voie du salut. Rien ne sert de lire, de prier, de réciter des chapelets entiers de prières, si on n'applique pas les commandements de Dieu à la lettre...

Jeudi Saint

JÉSUS LAVE LES PIEDS DE SES DISCIPLES.

Au cours du repas, Jésus se lève de table, dépose son vêtement et prend un linge qu'il noue à sa ceinture.
Il verse ensuite de l'eau dans un bassin et commence à laver les pieds de ses disciples et à les essuyer avec le linge qu'il avait à sa ceinture.

Seigneur, comme à tes disciples,
Tu nous demandes : « Comprenez-vous ce que j'ai fait pour vous ? »

Tu nous donnes l'exemple du service à rendre et de l'humilité.

Et nous, pensons-nous à rendre service, dans la mesure de nos moyens, plutôt qu'à être servis ?

Quelle est la place du service dans notre vie ?
Quelle est la place de l'humilité ?

Cédons-nous parfois à l'orgueil, au désir de paraître ?

Jésus institue l'Eucharistie

EUCHARISTIE

JEUDI SAINT, JÉSUS INSTITUE L'EUCHARISTIE !

Jésus partage le pain en disant « Prenez et manger, c'est mon corps, donné pour vous. »

Il fait de même avec la coupe de vin en disant : « Prenez et buvez, c'est mon sang, versé pour vous. »

« Vous ferez ceci en mémoire de moi. »

Seigneur, en instituant ce sacrement, tu mènes vers son accomplissement ta solidarité avec les hommes de tous les temps. Tu nous demandes aussi de nous souvenir de toi.

Comment gardons-nous mémoire de Jésus ?
Comment est-il présent dans notre vie ?
Lui parlons-nous chaque jour ?
Quelle place donnons-nous à l'Eucharistie ?
Que faisons-nous de nos dimanches ?

L'agonie de Jésus au jardin des Oliviers

Jeudi saint, la nuit.

Jésus solidaire de tous les hommes, ressent le poids de tous les péchés du monde.

Il est angoissé par l'approche de la mort.

Il sait qu'un ami va le trahir.

Il est seul : ses disciples dorment, malgré sa demande de veiller avec lui et de prier.

Seigneur, malgré toutes ces tentations de désespoir, tu dis : « Père, que ta volonté soit faite. »

Nous te demandons pardon pour tous nos péchés dont Jésus ressent avec toi le poids. Nous sommes tentés de juger sévèrement les disciples qui dorment au lieu de prier avec Jésus.

Mais ne nous arrive-t-il pas non plus de préférer notre tranquillité personnelle et de négliger d'apporter à ceux qui souffrent le réconfort de notre présence ou de notre prière ?

Nuit du jeudi Saint au vendredi Saint

L'Arrestation de Jésus.

Judas avait dit aux gardes : « Celui que j'embrasserai, c'est lui que vous arrêterez ».

Seigneur, tu dis à Judas : « Mon ami… ». Tu gardes ton amitié à celui qui te trahit, comme à tous ceux qui pèchent contre toi ou se sont détournés de toi.

Au cours de notre vie, y a t il parfois de la fausseté dans nos paroles ou dans nos actes ? Nous arrive-t-il de trahir une amitié ?

Une promesse ?… Un serment ?…

Station N° 1

VENDREDI SAINT

JÉSUS EST CONDAMNÉ À MORT.

Pilate montre de l'intérêt pour Jésus.
Il ne voit rien à lui reprocher. Il voudrait le libérer :
Il en a le pouvoir, mais il a peur des complications.
Par lâcheté, Pilate envoie un innocent à la mort.

Seigneur, tu subis le mal, mais tu restes
Calme et sans haine. Tu nous demandes,
Quand le mal nous frappe, de ne laisser ni la Haine,
Ni le désespoir nous envahir.

Tu nous demandes de combattre l'injustice,
Surtout quand elle frappe les autres, mais tu Veux
Que cette lutte soit sans haine.

Essayons de voir clair en nous-mêmes,
De voir en quoi nous ressemblons, parfois,
À ces hommes qui ont condamné Jésus ?

Mes jugements sur les autres sont-ils
Sans parti pris ?... Sans haine ?...
M'arrive-t-il d'accepter l'injustice
Quand cela m'arrange ?...

Station N° 2

JÉSUS EST CHARGÉ DE SA CROIX

CETTE CROIX EST LOURDE, DU POIDS DE TOUS LES PÉCHÉS. JÉSUS L'ACCEPTE, LUI QUI N'A JAMAIS FAIT LE MAL

Seigneur, avec le poids de cette Croix, tu portes aussi le poids des fatigues, des responsabilités, des souffrances, des incompréhensions, des solitudes et des échecs subis par tes frères les hommes.

Nous te prions pour tous ceux qui fléchissent sous le poids de leurs croix.

Que ta force soit leur force.

Que nos croix, en union avec la tienne, participent au salut du monde.

Sous le regard du Seigneur, réfléchissons en toute vérité : comment acceptons-nous les malheurs, la maladie, les difficultés, les échecs ?

Est-ce en union avec Jésus, ou bien nous arrive-t-il de nous révolter ?

N'ai-je pas été parfois cause de souffrance pour d'autres ?…

Station N° 3

Jésus tombe pour la première fois

Seigneur, te voilà, maintenant, qui partages notre faiblesse ?
Toi qui, tant de fois, as vaincu le mal des corps et des âmes,
Voici que tu fais un pas de plus vers nous :
Tu partages volontairement la souffrance des hommes.

Par ta chute, tu acceptes l'humiliation,
En union avec tous ceux qui subissent le mal
Sans rien pouvoir contre lui.

Dans nos humiliations, dans nos chutes,
Fais-nous découvrir l'humilité, l'acceptation de nos faiblesses,
Et aussi de celles des autres.

Devant le mal que nous avons subi ou
Que nous avons fait, nous est-il arrivé de douter de l'amour de Dieu ?
Quelle est mon attitude vis-à-vis de ceux qui tombent,
Les rejetés, les marginaux, les pécheurs ?

Quand je tombe dans le péché, qu'est-ce qui me touche davantage ?
La déception de constater ma faiblesse,
Ou bien la tristesse de ne pas avoir suffisamment aimé,
Suffisamment prié mon créateur, mon sauveur ?

Station N° 4

Jésus rencontre sa mère

Choisie pour donner naissance au Sauveur,
Marie accompagne Jésus jusqu'au bout de sa mission.
Les souffrances de son cœur de mère,
Ce cœur qui n'a pas connu le péché,
Accompagnent les souffrances physiques et morales de Jésus
Pour le rachat de nos péchés.

Marie participe à l'œuvre de Rédemption.
Cette rencontre, c'est aussi le réconfort de voir un visage aimant, parmi tant de visage de haine.

Seigneur, tu as donné à Marie de toujours accueillir pleinement ta volonté.
Accorde-nous, jour après jour, de savoir dire « Oui » à ta volonté,
Jusqu'au « Oui » à la mort ,qui nous ouvrira la porte de ta Maison.

Essayons-nous d'apporter, comme Marie le réconfort de notre présence à ceux qui souffrent ?

Et devant ceux qui souffrent peut-être plus que moi, est-ce à eux, ou à moi que je pense davantage ?

Est-ce que je sais toujours dire « Oui » à la volonté de Dieu ?

La volonté de Dieu, est-ce que je cherche suffisamment à la connaître ?

Station N° 5

Simon de Cyrène aide Jésus à porter sa Croix

Un passant est réquisitionné pour que le condamné puisse aller jusqu'au bout de son supplice.

Seigneur Jésus, à chacun de tes miracles,
Il y a eu une démarche, une participation, si petite soit-elle,
D'un homme ou d'une femme.
Ici encore, tu as voulu montrer que tu veux toujours avoir besoin des hommes.

Et nous, quand on vient nous trouver pour nous demander un service, ou de participer à une prière, acceptons-nous, même si cela nous dérange ?

Ou bien le faisons-nous, mais avec mauvaise humeur ?

Ou bien encore trouvons-nous des excuses pour refuser ?

Annoncer la Bonne Nouvelle d'un Dieu qui nous aime jusqu'à en mourir, est-ce que je considère que c'est l'affaire des prêtres, mais n'est-ce aussi pas la mienne ?

Est-ce que j'hésite à dire ce que je crois ?

Seigneur aide-moi à voir si je t'ai refusé la petite pierre que tu me demandes d'apporter pour bâtir ton Église…

Station N° 6

Véronique essuie la face de Jésus

Une femme traverse la foule hostile.

Elle ne voit qu'une chose, le visage de Jésus, couvert de sueur, de sang, et de poussière, creusé par la souffrance. Que peut-elle faire ?

Un simple geste apparemment inutile, et cependant plein d'amour : elle essuie ce visage.

Seigneur Jésus, dans ton visage de souffrance,
Tu nous fais voir tous ceux qui souffrent.
Aide-nous chaque jour,
À te voir, au travers des visages de ceux qui souffrent.

Nous arrivent-t-il de détourner les yeux pour ne pas voir certaines souffrances et de penser qu'à nous ?

N'ai-je jamais retardé la rencontre avec quelqu'un qui souffre ?

Ai-je déjà pensé « Ça ne sert à rien »,

Pour me dispenser d'une démarche, d'un geste, vers quelqu'un qui souffre ?

Station N° 7

JÉSUS TOMBE POUR LA DEUXIÈME FOIS

Seigneur Jésus, tu partages les misères
De tous ceux qui sont écrasés par les difficultés, par l'âge,
Par la maladie ou par la douleur physique ou morale.

Dans ta deuxième chute, tu prends en charge nos rechutes physiques ou morales qui nous mettent dans un état pire que le précédent : rechute si désespérante du péché...

Au cœur de nos chutes et rechutes, donne-nous de ne jamais oublier que ton Amour les partage.

Au fond de nos épreuves, nous arrive-t-il de ne plus espérer en Dieu ?

Et les autres, nous arrive-t-il de ne plus espérer en Dieu à travers eux ?

Nous arrive-t-il de ne plus compter sur eux ?

Ni sur leur aide, ni sur les échanges que nous pouvons avoir ?

Dans mes difficultés, devant l'âge,
Devant la maladie, m'arrive-t-il de perdre courage,
De me dire : « À quoi bon lutter ? »

Station N° 8

Jésus parle aux femmes de Jérusalem

Sur son chemin de douleur, Jésus rencontre la pitié :
Celle des femmes de Jérusalem, émues devant sa souffrance.
Mais il leur dit : « Ne pleurez pas sur moi ;
Pleurez plutôt sur vous-même et sur vos enfants. »

Par ces paroles, Seigneur,
Tu annonces la destruction de Jérusalem
Et le massacre de ses habitants.
Mais tu nous appelles surtout à chercher, au-delà des apparences,
Où se trouve le plus grand mal.

Avons-nous autant de tristesse devant le péché
Que devant l'échec matériel ou la douleur physique ?
Dans ma vie, les différentes valeurs sont-elle à leur vraie place,

Les valeurs de l'Évangile : Vérité, Justice, Respect de l'Homme,

Amour fraternel, Partage, Pardon, ne passent-elles pas parfois après l'Argent,

La soif de considération, le goût d'imposer sa volonté aux autres ?

Station N° 9

Jésus tombe pour la troisième fois

Seigneur Jésus, tes chutes répétées, de plus en plus dures,
N'entament pas ton courage.
Cette fois encore,
Tu vas te relever pour aller jusqu'au bout de ta mission,
Jusqu'au bout de tes forces,
Jusqu'au bout de ta Vie.

En te voyant écrasé, mais te relevant pourtant,
Nous croyons que Dieu donne les forces à la mesure des difficultés ;
Nous découvrons la persévérance,
Et l'Espérance dans ton effort pour aller jusqu'au bout...
Aide-nous, Seigneur, à ne jamais désespérer.

Doutons-nous parfois de l'amour de Dieu ?
De l'aide qu'il nous apportera ?
Est-ce que je me laisse aller parfois au découragement ?
Et quand d'autres ont fait le mal et risquent de s'y enfoncer,
Est-ce que je pense à les condamner ?
Ou plutôt à chercher comment les aider à se relever ?

Station N° 10

JÉSUS EST DÉPOUILLÉ DE SES VÊTEMENTS

TOUTES LES PLAIES DE LA FLAGELLATION SONT MISES À NU ET RAVIVÉES…

C'EST LA PAUVRETÉ TOTALE, AVANT LE SACRIFICE FINAL.

Seigneur Jésus, tes bourreaux, comme tant d'autres au cours des siècles, ne respectent en toi ni ta douleur, ni ta personne humaine, ni ta divinité qu'ils ignorent ou refusent de reconnaître.

Tu as voulu naître dans la pauvreté, vivre dans la pauvreté.

Te voici maintenant au seuil de la pauvreté ; te voici maintenant au seuil de la mort, dépouillé de tout.

Parvenons-nous à nous détacher de ce que nous possédons ou ce que nous voudrions posséder ?

Apportons-nous toujours à Dieu
Le respect qui lui est dû ?

Le respectons-nous toujours dans les autres ?

Ai-je toujours respecté en moi la dignité humaine ?

Ai-je été esclave de mes désirs, de mes instincts, de mes caprices ?

Mes pensées, mes regards, mes lectures mes paroles, mes actes,
Ont-ils toujours été dignes d'un enfant de Dieu ?

Station N° 11

Jésus est cloué sur la Croix

Seigneur Jésus, tu es douloureusement immobilisé sur ta Croix.
Cette souffrance, cette impossibilité de faire le moindre geste,
Tu les vis en union avec tous ceux qui, brutalement ou progressivement,
Sont privés de leurs mouvements, avec tous ceux qui sont cloués par la maladie,
Avec tous ceux qui se sentent impuissants devant une situation,
Une injustice ou un malheur.

Aide-nous, quand nous regardons ton Corps fixé à la Croix,
À accepter toutes nos limites, physiques intellectuelles ou morales...

Comment acceptons-nous de dépendre des autres ?
Acceptons-nous de ne pas pouvoir faire tout ce que nous voudrions ?
Mon regard s'attarde-t-il sur tout ce dont je suis privé ?

Dans la maladie, le handicap ou la vieillesse,
Est-ce que je sais apprécier quand même ce qui me reste ?

Station N° 12

Jésus meurt sur la Croix

Que quelques instants de silence nous aident à admirer
la grandeur de l'amour de Dieu pour l'humanité :
Lui, le tout puissant, l'infini, l'éternel, s'est fait l'homme,
avec toutes les limites que cela comporte.
Il subit, lui aussi, la plus dure de ces limites, la mort…

Seigneur Jésus, cloué sur cette Croix,
Tu as prononcé sept paroles avant de mourir.
Méditons aujourd'hui la première et la dernière :
« Père, pardonne-leur, car ils ne savent pas ce qu'ils font »…
« Père, je remets mon esprit entre tes mains. »

Pardonner, c'est ressembler à Jésus ;

Ne pas pardonner, c'est faire comme si on voulait rendre inutile la rédemption.

Savons-nous toujours pardonner ?

Quels que soient notre âge et notre état de santé,
Nous savons que, à tout moment, notre vie peut se terminer :
Est-ce que je suis prêt à paraître devant Dieu,
Conscient de toutes mes faiblesses,
Mais surtout, sûr de l'immense Amour du Seigneur ?

Station N° 13

JÉSUS EST DESCENDU DE LA CROIX

Joseph d'Arimathie, jusqu'alors, était disciple de Jésus, mais n'osait pas le montrer. Le voici qui prend les choses en mains : il va trouver Pilate, obtient l'autorisation d'ensevelir Jésus, achète le linceul, procure un tombeau, et descend de la croix le corps de Jésus.

Comment ne pas rapprocher sa démarche de celle du bon Samaritain ?

L'un comme l'autre, quand il s'agit d'aider, ne fait pas les choses à moitié.

Seigneur, aide tous ceux qui se mettent au service des autres, aide-les à comprendre
Que servir, c'est faire tout ce qu'il faut,
Tout ce qu'on peut.
Pardon Seigneur, pour toutes les fois
Où nous nous sommes faits bonne conscience
À peu de frais, dans notre Service d'Hospitalité...

Sainte Vierge Marie, vous recevez le Corps de votre fils
Qui a connu la souffrance et la mort sans avoir jamais péché,
Et votre cœur est transpercé de douleur :
Priez pour que nous comprenions que la souffrance n'est pas une punition,
Mais un mystère qui mettra toujours notre foi à l'épreuve.

Quand je rends service aux autres,
m'arrive-t-il de faire des choses à moitié ?
ou moins encore ? Et m'arrive-t-il de me désintéresser de la suite ?

Station N° 14

Vendredi Saint, le soir Jésus est mis au tombeau.

Seigneur Jésus, ton Amour pour nous
T'a conduit à connaître la souffrance et la mort.
Tes souffrances ont eu pour fruit la Rédemption.
Ta mort n'aurait pas de sens si elle ne débouchait sur la Résurrection.
Nous t'en prions, Seigneur, que ton Amour absolu
Nous aide à élargir un peu les limites trop étroites de notre amour pour toi,
Et pour les autres.
Que le mystère du Mal et de la Souffrance soit accepté par nous dans la Foi.
Que ta Mort et ta Résurrection nous aident
Au travers de nos difficultés, à garder toujours l'Éspérance.
Que la Réconciliation que tu nous proposes,
Soit pour nous promesse de Résurrection.

Seigneur, tu nous attends.
Tu attends notre démarche de réconciliation :
Un pas vers toi et tu feras le reste.
Plutôt que de nous appesantir sur la honte d'avoir enfreint ta loi,
Tourne nos regards vers la merveille de ton Amour,
Qui t'a conduit à la Croix,
Et mets surtout dans nos cœurs le regret d'avoir mal répondu à cet Amour.
Fais grandir en nous la confiance dans cet Amour,
Qui nous attend malgré tout et toujours,
Et qui nous conduira, à ta suite, à la Résurrection.

Station N° 15

DIMANCHE À L'AUBE JÉSUS EST RESSUSCITÉ

Seigneur, tu es la résurrection et la vie.
En allant vers toi par le sacrement de Réconciliation,
C'est vers une vie nouvelle que nous allons,
Une vie qui annonce déjà notre future résurrection,
Promise par ta résurrection.

En regardant les étapes de ta Passion,
Nous avons découvert ton Amour et nos faiblesses,
nos manquements à nos devoirs envers toi,
Envers les autres et envers nous-même.

En allant vers le prêtre,
Qui a reçu de toi le pouvoir de remettre les péchés,
C'est vers toi que nous allons.
Quand nous lui dirons nos fautes et notre regret,
C'est à toi que nous parlerons, et c'est toi qui nous écouteras.
Et quand le prêtre nous donnera ton pardon,
Par sa voix, c'est toi qui nous diras :
« Mon enfant, je n'ai jamais cessé de t'aimer.
Je t'attendais. Je te pardonne. Aie confiance. Je t'aiderai.
Comme moi, tu connaîtras la résurrection. »

C'est Jésus qui nous pardonnera, quand le prêtre,
la main levée sur nous, dira :
« Et moi, au nom du Père, et du Fils, et du Saint Esprit,
je vous pardonne tous vos péchés. »

Le chemin de ma vie n'a pas été un sentier calme et tranquille. Pour en voir la fin il m'a fallu force et détermination.

C'est surtout la foi qui m'a accompagné et dirigé tout au long de ce chemin…

Afin que vous compreniez ce qui a guidé mes pas, il faut que je vous explique beaucoup de choses encore. Ce premier livre terminé, j'ai commencé à rédiger une suite.

Un autre ouvrage va voir le jour dans lequel vous trouverez mes pas tracés sur le chemin, et vous pourrez marcher dans ces traces, ou les suivre si vous le souhaitez !

Elles vous conduiront vers mes repères, vers les sujets qui m'inspirent, vers ceux aussi qui nous ont quitté, vers les âmes du purgatoire, vers lesquelles on ne se tourne jamais assez, pour lesquelles on ne prie pas assez…

Ce second ouvrage sera plus particulièrement porté sur nos Saintes Âmes du purgatoire.

Daniel Baclez

Table des matières

PROCHAINES PARUTIONS

Stéphane Bosso
Le maître des bombes
Nouvelles

Pierre Svetovlasky
L'Inaccompli
Roman

Cyrille Lachêvre
L'hôpital
Roman

Catherine Dautel
Ville en fleurs, Angoulême, etc.
Essai

Josette Brignon
La tache d'encre
Nouvelles

Laure Dambly
Les enfants dans le Styx
Policier

Jean Audoli
Heureux les pauvres...
Récit

Serge Lambolez
La Madone d'Erleking
Roman

Marie-Claude Zeisler
Moi, Jehanne captive...
Récit

Roger Beyrend
Une femme etcætera
Roman

Camille Mouhat
Recouvrance
Récit

Jean-Claude Portal
Le perisprit
Science fiction

Ce livre a été édité par les Éditions Thélès
5, rue de Castiglione – 75001 Paris
Téléphone : +33 (0)1 53 45 27 63
Télécopie : +33 (0)1 53 45 27 01
e-mail : theles@libertysurf.fr

Imprimé en France

Dépôt légal 4e trimestre 2002.

ISBN 2-84776-035-0